Fabian Fürst

Burnout bei Lehrkräften

Fabian Fürst

Burnout bei Lehrkräften

Theorie – Ursachen – Prävention – Intervention

Tectum Verlag

Fabian Fürst

Burnout bei Lehrkräften. Theorie – Ursachen – Prävention – Intervention
© Tectum – ein Verlag in der Nomos Verlagsgesellschaft, Baden-Baden 2018

ISBN: 978-3-8288-4160-4
E-Book: 978-3-8288-7040-6

Umschlaggestaltung: Tectum Verlag, unter Verwendung des Bildes
141772357 von foto_tech | fotolia.de

Druck und Bindung: Docupoint, Barleben
Printed in Germany
Alle Rechte vorbehalten

Besuchen Sie uns im Internet
www.tectum-verlag.de

Bibliografische Informationen der Deutschen Nationalbibliothek
Die Deutsche Nationalbibliothek verzeichnet diese Publikation in der
Deutschen Nationalbibliografie; detaillierte bibliografische Angaben sind
im Internet über http://dnb.d-nb.de abrufbar.

Abbildungsverzeichnis

Abbildung 1: Ungestörte Handlungsepisode — 26

Abbildung 2: Burnout-Modell nach Pines et al. — 27

Abbildung 3: Belastungs-Beanspruchungsmodell nach Rudow — 44

Abbildung 4: Unterscheidung nach vier Bewältigungsmustern — 49

Abbildung 5: Kurzbeschreibung der AVEM-Profile — 51

Abbildung 6: Ursachen für das Burnout-Syndrom — 53

Abbildung 7: Lärmbelastung und Gesundheitswirkung — 65

Abbildung 8: Musterverteilung im Berufsvergleich — 71

Abbildung 9: Belastungen im lehrerzentrierten Unterricht — 95

Abbildung 10: Konsequenzen eines neuen Selbstverständnisses des Lehrers — 97

Abbildung 11: Langfristige Konsequenz einer veränderten Unterrichts- und Bewertungspraxis — 98

Abbildung 12: Progressive Muskelrelaxation — 104

Abbildung 13: Yoga-Übungen — 106

Abbildung 14: Richtige Sitzhaltung — 107

Abbildung 15: Richtiges Stehverhalten — 108

Abbildung 16: Die inneren Persönlichkeitsanteile — 115

Abbildung 17: Wertepyramide — 116

Abbildung 18: Ergebnisse der AVEM-Profile vor und nach einer Beratung — 120

Abbildung 19: Rehabilitationsmaßnahmen zur Wiedererlangung der Arbeitsfähigkeit — 122

Inhaltsverzeichnis

Abbildungsverzeichnis V

1. Einleitung 1

2. Das Burnout-Syndrom 3
   2.1 Historische Begriffsentwicklung 3
   2.2 Begriffserklärung und Definitionen 5
   2.3 Abgrenzung zu verwandten Konstrukten 8
   2.4 Die Symptomatik des Burnout-Syndroms 15
   2.5 Erklärungsansätze des Burnout-Syndroms 23
       2.5.1 Persönlichkeitszentrierte Erklärungsansätze 23
       2.5.2 Sozial-, arbeits- und organisationspsychologische Erklärungsansätze 26
       2.5.3 Fazit 29
   2.6 Der Entwicklungsverlauf des Burnout-Syndroms 30
   2.7 Messinstrumente des Burnout-Syndroms 34
       2.7.1 Das MBI (Maslach-Burnout-Inventory) 34
       2.7.2 Die Überdruss-Skala 36
       2.7.3 Die SBS-HP (Staff Burnout Scale for Health Professionals) 38
       2.7.4 Weitere Fragebögen und ihre Alternativen 38

3. Belastungen und Beanspruchungen im Lehrerberuf 41
   3.1 Begriffsklärung und Definitionen 42
   3.2 Das Rahmenmodell der Belastung und Beanspruchung (nach Rudow) 43
   3.3 Das diagnostische Instrument AVEM (nach Schaarschmidt) 45
       3.3.1 Das AVEM- Konzept 45
       3.3.2 Die elf Dimensionen des AVEM 46

3.3.3 Die verschiedenen Muster des AVEM 48
3.4 Anforderungen und Belastungsfaktoren: Übersicht 52
3.5 Individuelle und psychische Belastungen 55
3.6 Physische und psychosomatische Belastungen 56
3.7 Arbeitszeitbelastungen 57
3.8 Schülerbezogene Belastungen 59
3.9 Belastungen seitens der Eltern 61
3.10 Belastungen auf Organisationsebene 62
3.11 Belastungen auf der schulorganisatorischen Ebene 63
3.12 Lärmbelastung 64
3.13 Resilienz: Persönliche Elastizität gegen Belastungsfaktoren 66

4. **Empirische Studien zur Lehrergesundheit** 69

    4.1 Potsdamer Lehrerstudie 69
        4.1.1 Ziel der Studie 69
        4.1.2 Untersuchungskonzept 70
        4.1.3 Ergebnisse 71
    4.2 Die Kasseler Studie zu Lehrergesundheit und Lehrerbelastung 74
        4.2.1 Ziel und Versuchsaufbau der Studie 74
        4.2.2 Das Modell 75
        4.2.3 Der Fragebogen 76
        4.2.4 Die Befragten 81
        4.2.5 Zusammenfassung der Ergebnisse 84

5. **Präventive und intervenierende Maßnahmen gegen Burnout** 89

    5.1 Professionalisierung der Lehreraus- und fortbildung 90
    5.2 Reduzierung der Arbeitsbelastung 92
        5.2.1 Kooperatives Lernen 92
        5.2.2 Entlastung durch Schülerselbstbeurteilung 94
        5.2.3 Leichter Unterrichten 99
    5.3 Entspannungstechniken 101
        5.3.1 Autogenes Training 101
        5.3.2 Progressive Muskelrelaxation (nach Jacobsen) 102

5.3.3 Yoga 105
    5.3.4 Körperübungen 107
    5.3.5 MBSR – Achtsamkeit 109
5.4 Erweiterung der Kompetenzen 113
5.5 Selbsterziehung 115
5.6 Individuelle Beratung 118
5.7 Klinische Maßnahmen – Lehrer in der Reha 121

6. Umfrage zur Lehrergesundheit 127
6.1 Hintergrund der Umfrage 127
6.2 Fazit der Umfrage im Überblick 127
6.3 Fazit zu Belastungen in der Schule bzw. im Schulalltag 133
6.4 Fazit zu gesundheitlichen Beschwerden 135

7. Schluss 137

Literaturverzeichnis 139

Anhang 143
Ergebnisse des Fragebogens: Umfrage zur Lehrergesundheit 143

1. Einleitung

Seit dem PISA- Schock wurde die breite Gesellschaft auf vielerlei Missstände in unserem Bildungssystem hingewiesen. Fast jeder Bürger in Deutschland kennt diesen Begriff und nutzt diesen, um bei der Thematik der Bildungspolitik mitreden zu können. Aber auch Begriffe wie „Bildungsmisere", „Lehrermangel" und „Gewalt an Schulen" setzen die Politiker und die Institution Schule unter sehr hohen Druck. Seit Jahren versucht die Bildungspolitik, diese und weitere Probleme unter Kontrolle zu bekommen.

In diesem Zusammenhang wird meist die Verantwortung der Lehrerinnen und Lehrer an den Schulen vergessen, die Probleme zu lösen. Denn vor Ort können diese Problematiken nur durch die Lehrkräfte gelöst werden. Deshalb ist es wichtig, so sind sich alle Lehrergewerkschaften und -verbände einig, gezielt gute und kompetente Lehrerinnen und Lehrer auszubilden. Nur durch gut ausgebildete und gesunde Lehrkräfte kann ein Fortschritt im Bildungssystem erreicht werden. Der Aspekt der Gesundheit ist hierbei essenziell. Der Begriff „Burnout" und das damit verbundene Burnout-Syndrom, wird immer mehr mit dem Berufsfeld des Lehrers in Verbindung gebracht.

Diese Arbeit beschäftigt sich mit der Frage, wie „Burnout" und die Lehrergesundheit zusammenhängen und warum Lehrkräfte so stark gefährdet sind. Zunächst werden theoretische Grundlagen zum Phänomen „Burnout-Syndrom" aufgezeigt, um danach anhand dieser Erkenntnisse eine Verbindung zum Lehrerberuf zu verdeutlichen. Ursachen für die steigende Anzahl an Burnout-Erkrankungen bei Lehrkräften zeigen auf, weshalb dieser Berufszweig darunter so leidet. Die ebenfalls thematisierten Belastungen und Beanspruchungen im Lehrerberuf sowie die aufgezeigten empirischen Studien zur Lehrergesundheit werden diese Thesen in dieser Arbeit bekräftigen. Des Weiteren werden präventive und intervenierende Möglichkeiten dargestellt, die die Gefährdung durch Burnout vonLehrkräften verhindern, Burnout mindern oder therapieren können.

1. Einleitung

Eine im Anschluss durchgeführte Umfrage zur Lehrergesundheit stellt einen aktuellen Bezug zu dieser Thematik und ihrer Problematik dar. Darin erklären aktive Lehrerinnen und Lehrer ihren derzeitigen Gesundheitszustand und geben gezielte Verbesserungsmöglichkeiten und Wünsche für eine gesunde Berufsausübung an.

2. Das Burnout-Syndrom

2.1 Historische Begriffsentwicklung

Ursprünglich stammt das Krankheitsbild von dem Begriff „Neurasthenie" ab, welcher 1869 vom amerikanischen Arzt Georg M. Beard eingeführt wurde. Beard nutzte diesen Begriff in der Hinsicht einer Verarmung an Nervenkraft mit Symptomen wie Nervenschwäche und nervöser Erschöpfung. Für ihn war die Neurasthenie eine Krankheit der moderneren und fortschreitenden Zivilisation. Unter Sigmund Freud galt Beards Krankheit der Neurasthenie als psychovegetatives Syndrom, das er selbst als „Aktualneurose" bezeichnet und mit Symptomerscheinungen eines aktuellen psychischen Konfliktes bei Menschen beschreibt.[1] Erst in den 1970er-Jahre kam der Begriff „Burnout" auf. Bis dahin kannte man diesen Begriff höchstens aus der Technikbranche im Zusammenhang mit durchgebrannten Brennstäben in einem Reaktor oder aus der Medizin im Zusammenhang mit bleibenden körperlichen Einstellungen der Leprakrankheit. Der Begriff Burnout kam erst durch den Roman „A Burn-out Case" von Graham Greene im Jahre 1961 in das öffentliche Bewusstsein. Für den Begriff, wie man ihn heute versteht, ist der Physioanalytiker Herbert J. Freudenberg verantwortlich. Er gilt als geistiger Vater und eigentlicher Entdecker des Burnouts.[2] Freudenberg selbst, als engagierter Mann mit eigener Praxis in New York, arbeitete mehr als 16 Stunden am Tag und klagte immer häufiger über körperliche und psychische Beschwerden. Wie er genau auf den Begriff Burnout im Jahre 1974 kam, bleibt Spekulation. Das Beschwerdebild bestand aus psychischen und physischen Merkmalen

---

[1] Vgl.: Lanz, Caroline: Burnout aus ressourcenorientierter Sicht im Geschlechtervergleich. Eine Untersuchung im Spitzenmanagement in Wirtschaft und Verwaltung. VS Verlag für Sozialwissenschaften. Wiesbaden 2010, S. 53.
[2] Vgl.: Rothland, Martin (Hrsg.): Belastung und Beanspruchung im Lehrerberuf. Modelle, Befunde, Interventionen. VS Verlag für Sozialwissenschaften. Wiesbaden 2007, S. 122.

wie Verausgabung, Müdigkeit, emotionaler Instabilität, Kopfschmerzen, Schlaflosigkeit, Magen-Darm-Problemen, Kurzatmigkeit, Infektanfälligkeit, Distanz zu Mitmenschen sowie Konzentrationsschwierigkeiten.[3] Das Beschwerdebild wiederholte sich bei weiteren Untersuchungen und Studien bei Personen mit anderen Berufen wie z. B. bei Managern. Ab 1976 befasste sich auch die Sozialpsychologin Christina Maslach mit dem „Burnout-Phänomen" indem sie mehrere Untersuchungen zu Burnout in Sozialberufen an der Universität Berkeley in Kalifornien begann.

Im deutschsprachigen Raum bekommt der Begriff erst ab den 1980er-Jahren eine Bedeutung. Dies geschieht u. a. durch die Buchübersetzung von Freudenbergers Arbeit mit dem Titel „Ausgebrannt". Eine lange Zeit wurde in Deutschland diese direkte Übersetzung des englischen Begriffes Burnout benutzt, bis sich dann doch das englische Wort durchsetzte. Es folgten auch in Deutschland immer weitere Forschungsarbeiten über das Burnout-Syndrom und es stieß auch in der Öffentlichkeit auf ein enormes Interesse. Dieses wurde auch durch prominente „Burnout-Fälle" unterstützt. Heute gibt es eine Vielzahl an Definitionen und Studien, die versuchen, das Burnout-Syndrom zu erklären, sowie seineUrsachen und dessen Behandlung herauszufinden und zu verdeutlichen. Offiziell ist Burnout noch heute kein eigenständiges Krankheitsbild. Jedoch wurde er in das Handbuch der Weltgesundheitsorganisation (WHO) der International Classification of Diseases (ICD-10) aufgenommen. Dies geschah allerdings nicht als Krankheitsbild, sondern im Rahmen von „Problemen mit Bezug auf Schwierigkeiten bei der Lebensbewältigung" im Abschnitt Z73.[4] Wenn man heute von Burnout spricht, spricht man vom Burnout-Syndrom, da hier alle Symptome, die zu Burnout gezählt werden, in einem Begriff gesammelt sind.

---

3 Vgl.: Ebd., S. 123.
4 Vgl.: Kunz Heim, Doris: Burnout im Lehrberuf: Entstehung- Ursachen- Prävention, in: Dür, Wolfgang/Felder-Puig, Rosmarie (Hrsg.): Lehrbuch Schulische Gesundheitsförderung. Hans Huber Verlag. Bern 2011, S139.

2.2 Begriffserklärung und Definitionen

Burnout hat in den letzten Jahren und Jahrzehnten in wissenschaftlichen und populärwissenschaftlichen Publikationen ein großes Interesse in der Bevölkerung hervorgerufen. Burnout wurde zu einem Sammelbegriff für ein breites Spektrum an uneinheitlicher Symptomen. Die Formulierung eines eigenständigen, wissenschaftlichen Krankheitsbilds konnte bis heute nicht anerkannt definiert werden. Nur durch eine Literaturdurchsicht kann eine Vielzahl an Definitionsvorschlägen mit Modellen, Konzepten und Symptomauflistungen gesammelt werden, anhand derer es möglich ist feststellen, was man unter dem Begriff Burnout versteht. Es ist dabei anzumerken, dass mit weiteren Veröffentlichungen eine einheitliche Definition schwieriger herzustellen sein wird, da diese immer umfassender, ausfernder und nichtssagender scheinen zu sind. Dies sehen auch Kleiber und Enzmann, die die Vielfalt der Definitionen als ein Problem der Burnout-Forschung bezeichnen. Sie erkennen, dass die Anzahl an Definitionen aus dem Zusammenhang mit den beobachteten Symptomen resultieren.[5]

Im Folgenden werden einige Definitionen und Zitate von einschlägigen Autoren wiedergegeben, die auch untereinander einige Übereinstimmungen aufweisen:

Pines, Aronson und Kafry definieren 1985 Burnout als „einen seelischen Zustand [...], der häufig bei Menschen auftritt, die mit anderen Menschen arbeiten (und zwar vor allem, aber nicht ausschließlich, in helfenden Berufen) und die in einer Beziehung zu ihren Patienten, Klienten, zu ihren Vorgesetzten oder Kollegen die Gebenden sind. Zu diesem Zustand gehört eine ganze Reihe an Symptomen: Man fühlt sich ganz allgemein elend – emotional, geistig und körperlich ermüdet. Man fühlt sich hilflos und hoffnungslos, man bringt keine Begeisterung für die Arbeit und keine Lebensfreude mehr auf. Das Ausbrennen tritt meist nicht als Folge vereinzelter traumatischer Ereignisse auf, sondern als schleichende seelische Auszehrung; tragischerweise be-

---

[5] Vgl.: Körner, Sylvia C.: Das Phänomen Burnout am Arbeitsplatz Schule. Ein empirischer Beitrag zur Beschreibung des Burnout-Syndroms und seiner Verbreitung sowie zur Analyse von Zusammenhängen und potentiellen Einflussfaktoren auf das Ausbrennen von Gymnasiallehrern. Logos Verlag. Berlin 2003, S. 21.

trifft es vor allem Menschen, die einmal besonders begeisterungsfähig und idealistisch waren. Wir haben immer wieder gefunden, dass ein Mensch einmal „entflammt" gewesen sein muss, um ausbrennen zu können. [...]. Es sind also gerade die allerbesten Leute bestimmter Berufsgruppen, deren Arbeitseffizienz nachlässt."[6]

Kleiber und Enzmann bezeichnen Burnout 1989 als ein „Reaktionssyndrom" und verbinden Burnout mit einer Form der Stressbewältigung. Nach den beiden Autoren ist Burnout eine „spezifische Form der Konfliktbewältigung und kann als eine besondere Form von Problemlösung oder Aufgabenbewältigung verstanden werden."[7]

Barth bezeichnet 1990 Burnout als „eine Funktion von Stress [...], der aus individuellen, arbeitsbezogenen und gesellschaftlichen Faktoren herführt, einschließlich der sozialen Komponente der Arbeit. Burnout ist nicht Stress an sich, sondern resultiert aus einer besonderen Art von Stress, der aus der sozialen Beziehung zwischen Helfern und Hilfesuchenden resultiert und mit dem auf eine bestimmte Art und Weise umgegangen wird."[8]

1994 bezeichnet Rudow in seiner Definition Burnout ebenso als ein Syndrom, welches die Erschöpfung und die Depersonalisierung in den Vordergrund stellt. „Darüber hinaus treten Gefühle der Leistungsschwäche und -unfähigkeit auf, die überwiegend als Folge der Erschöpfung anzusehen sind. [...]. Burnout ist eine Folge anhaltender Stress- und/oder Ermüdungszustände, wobei Stress ein besonderes Gewicht zu haben scheint."[9]

Eine weitere Definition kommt 1998 von Richter und Hacker, die Burnout als einen „Zustand physischer und psychischer, kognitiver und emotionaler Erschöpfung in Tätigkeiten der Humandienstleistung [...]" sehen. „Dabei handelt es sich vorzugsweise um Tätigkeiten, die ein langzeitiges Engagieren für andere Menschen in emotional belas-

---

6 Pines, Ayala M./Aronson Elliot/Kafry Ditsa: Ausgebrannt. Vom Überdruss zur Selbstentfaltung. Clett-Kotta Verlag. Stuttgart 1987, S. 13.
7 Kleiber, Dieter/Enzmann, Dirk: Helfer-Leiden. Stress und Burnout in psychosozialen Berufen. Asanger-Verlag. Heidelberg 1989, S. 8.
8 Barth, Anne-Rose: Burnout bei Lehrern. Eine empirische Untersuchung. Dissertation Universität Erlangen-Nürnberg. Nürnberg 1990, S. 16.
9 Rudow, Bernd: Die Arbeit des Lehrers. Zur Psychologie der Lehrertätigkeit, Lehrerbelastung und Lehrergesundheit. Hogrefe-Verlag. Göttingen 1994, S. 125.

tenden Situationen erfordern."¹⁰ Weiterhin beschreiben die Autoren Burnout als einen Übergangszustand zwischen klinischen bzw. chronischen Ermüdungsformen der Erschöpfung und einer erhöhten Stressbelastung.

Den genannten Definitionen und Zitaten könnten weitere unterschiedliche Umschreibung zum Burnout-Phänomen angefügt werden. All diese Definitionen gehen nach Richter und Hacker auf die wohl bekannteste Burnout-Definition von Maslach und Jackson 1986 zurück. Viele Autoren orientierten sich an dieser Arbeit. Maslach und Jackson erklären das Burnout-Phänomen wie folgt:

„Burnout is a syndrome of emotional exhaustion, depersonalization and reduced personal accomplishment that can occur among individuals who do „people work" of some kind. A key aspect of the burnout syndrome is increased feelings of emotional exhaustion; as emotional resources are depleted, workers feel they are no longer able to give of themselves at a psychological level. Another aspect is the development of depersonalization- i.e., negative, cynical attitudes and feelings about one's clients. This callous or even dehumanized perception of others can lead staff members to view their clients as somehow deserving of their troubles [...]. A third aspect of the burnout syndrome, reduced personal accomplishments, refers to the tendency to evaluate oneself negatively, particularly with regard to one's work with clients. Workers may feel unhappy about themselves and dissatisfied with their accomplishments on the job."¹¹

Auf dieser Definition von Maslach und Jackson basiert auch der von ihnen entwickelte Fragebogen zur Erfassung von Burnout, der Maslach Burnout Inventory (MBI), dessen deutsche Version (MBI-D) auf Barth zurückgeht. Dieser Fragebogen gilt als das am häufigsten eingesetzte Instrument zur Erfassung von Burnout und wird durch drei Dimensionen zur Beschreibung dieses Syndroms unterstützt. Wie aus Maslach und Jacksons oben zitierter Definition hervorgeht, setzt sich Burnout aus drei entscheidenden Komponenten zusammen. Diese

---

10 Richter, Peter/ Hacker, Winfried: Belastung und Beanspruchung. Stress, Ermüdung und Burnout im Arbeitsleben. Asanger-Verlag. Heidelberg 1998, S. 144.
11 Maslach, Christina/ Jackson Susan E.: The Maslach Burnout Inventory Manual. CA: Consulting Psychologists Press. Palo Alto 1986, S. 1.

sind die emotionale Erschöpfung, die Depersonalisierung und die subjektiv reduzierte Leistungsfähigkeit[12] (siehe Kap. 2.7).

Die enorme Anzahl an Definitionen und Erklärungsversuchen lässt viel Spielraum untereinander, auch werden einige Fragen nicht beantwortet. Doch neben den Differenzen zwischen den Definitionen bleiben einige Gemeinsamkeiten, wie die Begleit- und Folgeerscheinungen, die im folgenden Schaukasten aus allen Definitionen zusammengefasst wurden:

Begleit-/Folgeerscheinungen
Angst
Depressionen
Unzufriedenheit
Resignation
Probleme im Privatleben
Ineffektive Bewältigung
Isolation

Psychosomatische Beschwerden

2.3 Abgrenzung zu verwandten Konstrukten

Aufgrund des Fehlens einer allgemein anerkannten Definition, aber auch wegen der großen Ähnlichkeit zu anderen Formen, ist es erforderlich, das Burnout-Syndrom von anderen verwandten Arten abzugrenzen. Als vergleichbare Dimensionen sind Stress, Depression, Angst, Überdruss, Arbeitsunzufriedenheit, Entfremdung (u.v.a.) zu nennen, wobei diese Arbeit nur die genannten Ansätze thematisieren wird.

Stress

Der Begriff „Stress" ist, wie auch der Begriff „Burnout", sowohl ein umgangssprachlicher als auch ein wissenschaftlicher Terminus. Im Allgemeinen soll „Stress" eine erhöhte Belastung, Anspannung, Bean-

---

12 Vgl.: Körner, Sylvia C.: Das Phänomen Burnout am Arbeitsplatz Schule, a.a.O., S. 23.

spruchung und Überforderung ausdrücken. Somit kann man Stress im Belastungs- und Beanspruchungskontext sehen. Ohne Zweifel besteht ein Zusammenhang zwischen Burnout und Stress. Nach Rudow (1994) kann Burnout eine Folge von langanhaltenden Arbeitsstress sein. Auch nach Hacker und Richter (1998) sind wesentliche Gemeinsamkeiten zwischen Burnout und Stress durch Erschöpfung und Übermüdung zu sehen. Man kann also sagen, dass bei der Entstehung von Burnout chronischer Stress eine enorme Rolle spielt. Allerdings ist unter Burnout sicherlich mehr zu verstehen, da hoher Stress nicht automatisch zum Ausbrennen einer Person führt.[13] Barth (1990) sieht Burnout als letzte Stufe in einem Prozess, der wiederholt nicht erfolgreich gemeistert wurde und somit auch wiederholt negativen Stressbedingungen ausgesetzt ist. Ein erheblicher Unterschied zwischen Burnout und Stress sieht man darin, dass Burnout für das betroffene Individuum negativ erlebt wird, während Stress in der Wissenschaft in Eustress und Disstress aufgeteilt wird und somit auch positiv erlebt werden kann.

Zusammenfassend entsteht Stress durch ein komplexes Zusammenspiel von externen Belastungsfaktoren und individuellen Bewältigungsmöglichkeiten. Eine langfristige Stressfolge kann zum Burnout führen, muss es jedoch nicht. Ein weiterer bedeutender Unterschied liegt in der subjektiven Bewertung der Bewältigungsmöglichkeiten von Stresssituationen. „Burnout kann als letzte Stufe eines missglückten Prozesses angesehen werden, negative Stressbedingungen zu bewältigen."[14]

Depression

Im 19. Jahrhundert begann der Begriff "Depression" sich in der Medizin zu etablieren. Dieser leitet sich vom lateinischen Verb „deprimere" ab, was mit „Niederdrückung", „in die Tiefe gehen" oder „nach etwas graben" übersetzt werden kann. Burnout und Depression liegen als bestimmte Form der seelischen Krankheit inhaltlich sehr nahe und weisen gemeinsame Symptome auf. Sie sind beide durch ein aversives, ne-

---

[13] Vgl.: Ebd., S. 30.
[14] Hedderich, Ingeborg: Schulische Belastungssituationen erfolgreich bewältigen. Ein Praxishandbuch für Lehrkräfte. Klinkhardt-Verlag. Bad Heilbrunn 2011, S. 31.

gativ getöntes emotionales Erleben gekennzeichnet und gehen deshalb mit ähnlichen Beschwerden einher. Jedoch sind sie im Hinblick auf Entstehung, Verlauf, Intensität und Globalität voneinander zu trennen. Burnout hat sicher etwas mit geringer psychischer Gesundheit zu tun, allerdings lassen sich Burnout-Komponenten wie die Depersonalisierung (Dehumanisierung) bei dem Konzept seelischer Gesundheit nicht finden. Depression kann man als eine psychische Erkrankung definieren, die eine anhaltende getrübte Stimmung, einen großen Interessenverlust, körperliche Einschränkungen, Schlaflosigkeit, Appetitlosigkeit, sowie eine Hemmung von Antrieb und Denken mit sich bringt. Hinzu kommt noch der Gedanke an Selbstverletzung oder Suizidhandlungen sowie eine pessimistische Zukunftsperspektive. Dies sind allerdings nur wenige Symptome und Anzeichen einer Depression.[15] Die Trennung zwischen Burnout und Depression gestaltet sich insofern schwierig, da sie Symptome wie Motivationsverlust, Apathie, geringes Selbstwertgefühl, Gefühl abnehmender Kompetenzen u.v.a. miteinander teilen. Nach Rudow (2000) ist die Depression als ein Resultat eines langwierigen Burnout-Prozesses zu deuten. Es ist aber darauf zu achten, dass bei Burnout das Gefühl von Hilflosigkeit sich nur zeitweise und schwankend einstellen kann, dieses aber bei der Depression anhaltend und stabil ist.[16]

Welche genaue Positionierung und Funktion die Depression im Burnout-Verlauf einnimmt, ist bis heute umstritten. Die Forscher sind sich darüber nicht einig, ob die Depression eine eigene Phase im Burnout-Prozess darstellt oder sie eine wichtige Begleiterscheinung im Erschöpfungsprozess ausdrückt.

Angst

Angst ist ein „negativer, unangenehmer Gefühlszustand, der bei der Wahrnehmung einer bedrohlichen Situation auftritt. Bedrohlich ist die Situation dann, wenn einerseits die Notwendigkeit der Handlungsaus-

---

15 Vgl.: Voderholzer, Ulrich: Neurologen und Psychiater im Netz: URL: https://www.neurologen-und-psychiater-im-netz.org/psychiatrie-psychosomatik-psychotherapie/erkrankungen/depressionen/was-ist-eine-depression/ (entnommen am 23.03.2017).
16 Vgl.: Körner, Sylvia C.: Das Phänomen Burnout am Arbeitsplatz Schule, a.a.O., S. 33.

führung besteht, andererseits aber die Bewältigung der Situation aufgrund objektiver Informationsdefizite (Ungewissheit) oder/und subjektiver Inkompetenz problematisch ist."[17] Nach Rudow (1994) wächst die Angst diesem Verständnis nach aus der Bedrohlichkeit negativer Konsequenzen aufgrund von unbestimmten Anforderungen. Neben der emotionalen Komponente und der kognitiven Komponente beinhaltet die Angst auch eine physische und psychische Erregungskomponente, die bewusst wahrgenommen wird.

Burnout und Angst verbindet eine enge Beziehung zu Stress, allerdings auch mehrere Unterschiede. Angst kann im Gegensatz zu Burnout abrupt entstehen und wieder vergehen. Angst ist ein Erregungs- und Besorgniszustand, jedoch keine Resignation, Depersonalisierung oder Erschöpfung wie bei Burnout. Dazu kommt, dass Angst sich in verschiedene Formen wie Existenzangst, soziale Angst oder Lebensangst klassifizieren lässt.

Überdruss

Überdruss und Burnout sind nach Pines et al. (1987) Zustände körperlicher, emotionaler und geistiger Erschöpfung. Bei den Betroffenen kommen Symptome wie körperliche Verausgabung, Hilflosigkeit, hoffnungslose und negative Einstellungen vor. Überdruss wie auch Burnout haben mit Unzufriedenheit, Unglücklichsein und erfolglosem Streben zu tun. Überdruss selbst entsteht meist aus den typischen Widrigkeiten und dem chronischen Stress des täglichen Arbeits- und Privatlebens. Er kommt dann vor, wenn in der Umwelt des Individuums die negativen Aspekte die positiven überwiegen und der Betroffene sich mit enormer Belastung, Konflikten oder hohen Anforderungen auseinandersetzen muss. Meist sind Menschen betroffen, die mehr Stress als Unterstützung und Anerkennung erfahren. Burnout beinhaltet fast immer auch Überdruss.[18]

---

17 Rudow, Bernd: Die Arbeit des Lehrers, a.a.O., S. 95.
18 Vgl.: Pines, Ayala M. et al., a.a.O., S. 25.

Arbeits- bzw. Berufsunzufriedenheit und Motivation

Burnout und Arbeitsunzufriedenheit hängen zwar zusammen, sind jedoch nicht als identisch zu betrachten. In der Regel werden sie auch in der Literatur nicht synonym oder gleichbedeutend gebraucht, wie fälschlicherweise die verwendeten Begriffe Stress und Burnout. Nach Merz (1979) ist die Arbeitszufriedenheit als die Summe bzw. Funktion emotionaler und rationaler Teileinstellungen zur eigenen Arbeit bzw. zum Arbeitsverhältnis zu betrachten.[19] Eine geringe Arbeitszufriedenheit kann zwar zu Burnout führen, trotzdem ist es nicht zwingend, dass Burnout unabhängig von geringer Arbeitszufriedenheit entsteht. Der Autor Bruggemann (1974) bezeichnet die Arbeitszufriedenheit als Ergebnis eines Ist-Soll-Wert-Vergleiches. Bei diesem Vergleich dürfen die gegensätzlichen Werte nicht weit voneinander abweichen. Nur dann kann eine Periode der Entlastung und der Stabilisierung im Arbeitsleben garantiert werden. Gehen diese Werte auseinander, tritt eine diffuse Arbeitsunzufriedenheit ein. In dieser Situation werden entweder die Erwartungen gesenkt oder, trotz Frustration, beibehalten. Für diesen Fall gibt es nach Bruggemann drei Möglichkeiten der Problembewältigung: eine aktive Suche nach einer Lösung (konstruktive Arbeitsunzufriedenheit), der Verzicht auf Anstrengungen der Problembewältigung (fixierte Arbeitsunzufriedenheit) oder der Einsatz psychologischer Abwehrmechanismen zur Verschleierung der Situation (Pseudo-Arbeitsunzufriedenheit).[20] Zwischen Bruggemanns Theorie der Arbeitsunzufriedenheit und dem Burnout-Syndrom lassen sich unterschiedliche Parallelen ziehen. Meist geben ausgebrannte Personen die Schuld an ihren Schwierigkeiten den Menschen in ihrem Arbeitsumfeld, wobei es sich bei Bruggemann hierbei um eine Abwehrmaßnahme zur Verschleierung des beginnenden Burnout-Prozesses handelt. Der Verzicht auf die Problembewältigung könnte ein Indiz für eine fortgeschrittene Burnout-Entwicklung sein. Meist endet dies mit

---

19 Merz, Jürgen: Berufszufriedenheit von Lehrern. Eine empirische Untersuchung. Beltz-Verlag. Weinheim/ Basel 1979, S. 19.
20 Vgl.: Hedderich, Ingeborg: Schulische Belastungssituationen erfolgreich bewältigen, a.a.O., S. 31.

einer psychosomatischen Störung oder mit der Kündigung des Arbeitsverhältnisses.[21]

Weiter hängt die Arbeitsunzufriedenheit nach Hackmann und Oldham (1975) von den drei psychischen Zuständen, der erlebten Sinnhaftigkeit, der erlebten Verantwortung und der Rückmeldung über die eigenen Arbeitsergebnisse ab. Diese drei Faktoren können natürlich auch bei der Entstehung von Burnout eine Rolle spielen. Für Arbeiter, die in sich mehr Stressoren als Motivation in sich tragen, sind hochgradig Burnout-gefährdet. Allerdings kommen noch weitere Komponenten, sogenannte „Mediatoren" zusätzlich hinzu, um eine Person tatsächlich ausbrennen zu lassen. Somit sind die Phänomene Berufs(un)zufriedenheit und Burnout unabhängig und voneinander zu trennen, treten aber auch miteinander in Interaktion.

Entfremdung

Man kann mindestens vier Entfremdungsbegriffe unterscheiden. Darunter gezählt werden der psychologische, der sozialpsychologische, der soziologische und der marxistische Entfremdungsbegriff. Die Entfremdung selbst bezeichnet einen individuellen oder gesellschaftlichen Zustand, bei dem eine ursprüngliche Beziehung aufgehoben oder zerstört wird. Der psychologische Aspekt der Entfremdung besagt, dass das betroffene Subjekt sich nicht mehr als sich selbst wahrnimmt bzw. sich selbst nicht mehr als authentisch erlebt. Der soziologische Aspekt hingegen geht auf die Gesellschaft ein und verfolgt die Ausgrenzung des Individuums von der Teilnahme an soziokulturellen Aktivitäten. Der sozialpsychologische behandelt die Auseinandersetzung des Individuums mit einem inneren Konflikt, welcher auf das Nichterreichen von gesetzten Normen oder Zielen zurückgeht. Der letzte Aspekt ist der der marxistischen Entfremdung. Dieser stellt einen zentralen Kritikpunkt Marx' am Kapitalismus dar. Er besagt, dass die eigene Tat eines Menschen ihm zu einer fremden, gegenüberstehenden Macht wird, und diese ihn letztendlich beherrschen wird.[22] Nicht jede Art und alle Symptome der Entfremdung können auf das Burnout-Syndrom abgeleitet werden. Pines et al. grenzen den Entfremdungsbegriff für das

---

21 Vgl.: Ebd.
22 Vgl.: Kleiber, Dieter/ Enzmann, Dirk: Helfer-Leiden, a.a.O., S. 82.

Burnout-Syndrom sogar komplett aus, da z.b. eine Arbeitsentfremdung nur bei Menschen gefunden wird, die von ihrer Arbeit nur einen Verdienst erwarten. Nach ihnen ist die erlebte Sinnhaftigkeit der Arbeit und eine persönliche Verantwortung für das Arbeitserlebnis für das Burnout-Konzept essenziell. Deshalb ist für viele Forscher der Entfremdungsbegriff für das Burnout-Syndrom vermutlich überflüssig.[23]

Resümee

Der Versuch, das Burnout-Syndrom von anderen verwandten Konstrukten abzugrenzen, hat gezeigt, dass nicht alle Aspekte des Burnouts wie z.b. chronische Müdigkeit abgedeckt sind. Es sind meist nur große Ähnlichkeiten sowie mögliche Einflussfaktoren festzustellen. An einigen Konstrukten wurde der Unterschied zum Burnout klar deutlich.

Der Vergleich des Stresskonzepts mit Burnout legt nahe, dass Burnout als Folge einer Stressreaktion aufgefasst werden kann. Wobei Burnout auch als berufsspezifische Reaktion auf stresshafte Bedingungen mit anderen Menschen verstanden wird. Die Depersonalisierung kann hierbei als Abgrenzung zu allgemeinen Stresssituationen und Burnout herangezogen werden. Weiter beinhaltet die Verbindung zwischen Burnout und Depression hinsichtlich ihrer Symptomatik und den Entstehungsbedingungen die größten Ähnlichkeiten. Die größten Unterschiede dürften in der Globalisierung und Intensität der Beeinträchtigungen liegen. Wieder kann die Depersonalisierung als bestmögliches Unterscheidungskriterium verwendet werden. Die Arbeitszufriedenheit korreliert zwar mäßig mit Burnout, ist jedoch nicht identisch. Auf den ersten Blick weist auch die Arbeitsunzufriedenheit mit den Aspekten emotionale Erschöpfung und Depersonalisierung eine erhöhte Korrelation auf, ist so jedoch sehr gering. Die Arbeitsunzufriedenheit kann also nur als Stressquelle verstanden werden, die einen möglichen Burnout- Prozess beeinflusst oder sogar beschleunigt.

---

23 Vgl.: Ebd., S. 83.

2.4 Die Symptomatik des Burnout-Syndroms

Wenn es um die Burnout-Symptomatik geht, ist zu betonen, dass es sich bei Burnout um einen sozialpsychologischen Begriff handelt und nicht um eine klinische Diagnose wie z.b. bei einer endogenen Depression. Durch die Komplexität des Burnout-Syndroms sind auch die Symptome sehr weitreichend und vielschichtig. In den meisten Zusammenstellungen der Symptome des Burnout-Syndroms durch bedeutende Autoren handelt es sich um die der Endstadien. Neben Cherniss (1980), die eine Symptomliste des Burnouts mit den häufigsten Merkmalen zusammenstellte, waren auch andere Autoren bemüht, ein umfangreiches Symptombild anzufertigen. Darunter war beispielsweise Patrick (1979), der die Burnout-Symptome in vier folgende Gruppen einteilte:
1. Kognitive Symptome,
2. affektive Symptome,
3. beobachtbare Verhaltenssymptome und
4. körperliche Symptome.

Pines, Aronson und Kafry (1993) differenzieren die Symptome in ihren drei Burnout-konstituierenden Komponenten der Erschöpfung:
1. Körperliche Erschöpfung (Energiemangel, chronische Ermüdung, Schwächegefühle, Überdruss, erhöhte Unfallgefahr, Muskelverspannung und Rückenschmerzen, Gewichtsschwankungen, erhöhte Anfälligkeit für diverse Erkrankungen, Schlafstörungen, verstärkte Einnahme von Aufputsch-, Stärkungs- oder Schlafmitteln)
2. Emotionale Erschöpfung (Niedergeschlagenheit, Hilflosigkeit, häufiges Weinen u.a. unkontrollierbare Gefühlsausbrüche, emotionale Leere und Ernüchterung, Reizbarkeit, Gefühle von Vereinsamung und Mutlosigkeit)
3. Geistige Erschöpfung (negative Einstellung gegenüber der eigenen Person, zur Arbeit und zum Leben, Gefühle der Unzulänglichkeit und Minderwertigkeit, mangelnde Selbstachtung, zunehmende Kontaktarmut und eingeschränkte Kommunikation gegenüber Klienten und Kollegen, dehumanisierende d.h. verachtende, zynische und aggressive Einstellung gegenüber Klienten)[24]

---

24 Vgl.: Pines, Ayala M. et al.: Ausgebrannt, a.a.O., S. 27-31.

Burisch (1994) arbeitete intensiv mit der Theorie des Burnout-Syndroms und hat sich dabei umfassend mit dem Symptombild auseinandergesetzt. Er liefert durch seine Synthese mehrerer publizierter Burnout-Studien eine vergleichsweise sehr ausführliche Zusammenstellung von Symptomen und differenziert diese in sieben Kategorien. Folgend werden die sieben Kategorien nach Burisch mit den Einzelsymptomen aufgeführt. Dabei ist die gegebene Reihenfolge nicht zwingend zu verstehen, da z. B. die psychosomatischen Reaktionen durchaus in der Anfangsphase vorhanden sein können.

1. Warnsymptome der Anfangsphase
a) Vermehrtes Engagement für Ziele:
 - Hyperaktivität
 - Freiwillige unbezahlte Mehrarbeit
 - Gefühle der Unentbehrlichkeit
 - Gefühl, nie Zeit zu haben
 - Verleugnung eigener Bedürfnisse
 - Verdrängung von Misserfolg und Enttäuschungen
 - Beschränkung sozialer Kontakte auf Klienten

b) Erschöpfung
 - Chronische Müdigkeit
 - Energiemangel
 - Schlafmangel
 - Erhöhte Unfallgefahr

Kategorie 1: Schon die ältere Burnout-Literatur war sich einig, dass eine Person nur „ausbrennen" kann, wenn sie vorher schon „gebrannt" hat. Heute wird eher von einem Überengagement oder einem „aktiven" Typen gesprochen. Die neuere Literatur stellt die ältere in Frage, indem sie herausgefunden hat, dass auch das Verfolgen von unrealistischen Ansprüchen dazu führen kann. Burisch geht dabei auf die Gemütslage der betroffenen Person ein, denn wer Freude an seiner Arbeit hat und dadurch sich selbst bestätigt fühlt, kann kein Burnout erleiden.

2. Reduziertes Engagement

a) für Klienten, Patienten etc.
   - Desillusionierung
   - Verlust positiver Gefühle gegenüber Klienten
   - Größere Distanz zu Klienten
   - Meidung von Kontakt mit Klienten und/oder Kollegen
   - Aufmerksamkeitsstörung in der Interaktion mit Klienten
   - Verschiebung des Schwergewichts von Hilfe zur Beaufsichtigung
   - Schuldzuweisung für Probleme an Klienten
   - Höhere Akzeptanz von Kontrollmitteln und Strafen oder Tranquilizern
   - Stereotypisierung von Klienten, Kunden, Schülern etc.
   - Dehumanisierung
b) für andere allgemein
   - Unfähigkeit zugeben
   - Kälte
   - Verlust der Empathie
   - Unfähigkeit zur Transposition
   - Verständnislosigkeit
   - Schwierigkeiten, anderen zuzuhören
   - Zynismus
c) für die Arbeit
   - Desillusionierung
   - Negative Einstellung zur Arbeit
   - Widerwillen und Überdruss
   - Widerstand, täglich zur Arbeit zu gehen
   - Ständiges Auf-die-Uhr-Schauen
   - Fluchtphantasien
   - Tagträume
   - Überziehen von Arbeitspausen
   - Vorverlegter Arbeitsschluss
   - Fehlzeiten
   - Verlagerung des Schwergewichtes auf die Freizeit, Aufblühen am Wochenende
   - Höheres Gewicht materieller Bedingungen für die Arbeitszufriedenheit

d) erhöhte Ansprüche
- Verlust von Idealismus
- Konzentration auf die eigenen Ansprüche
- Gefühl mangelnder Anerkennung
- Gefühl, ausgebeutet zu werden
- Eifersucht
- Partnerprobleme
- Konflikte mit den eigenen Kindern

Kategorie 2: Bei Maslach (1978, 1982) und Aronson (1983) stellt diese Kategorie den Kern des Syndroms dar. Nach ihnen ist die idealistische Überhöhung der Arbeit, vor allem die mit Menschen, betroffen. Nachdem bei der betroffenen Person ein gewisses Übersoll erreicht ist, folgt dann der Rückzug. Das reduzierende Engagement mit Klienten oder Patienten nimmt zu und die Arbeit wird nur noch negativ empfunden. Dadurch leiden auch das private Umfeld und die Familie darunter. Aus der vorherigen Begeisterung wird Überdruss, der sich über alle Lebensbereiche zieht. Die Arbeit wird nur noch als Tätigkeit empfunden, die Geld und dadurch materielle Sachen herbeischaffen soll. Andere Aktivitäten nach der Arbeitszeit werden aktiv gesucht und ausgelebt, die erneut hohen Ansprüchen begegnen. Dies kann wieder zu Spannungen mit der eigenen Person und mit Mitmenschen führen.

3. Emotionale Reaktionen; Schuldzuweisung
a) Depression, Schuldgefühle
- Reduzierte Selbstachtung
- Insuffizienzgefühle
- Gedankenverlorenheit
- Selbstmitleid
- Humorlosigkeit
- Unbestimmte Angst und Nervosität
- Abrupte Stimmungsschwankungen
- Verringerte emotionale Belastbarkeit
- Bitterkeit
- Abstumpfung, Gefühl von Ausgestorbensein und Leere
- Schwächegefühl
- Neigung zum Weinen
- Ruhelosigkeit

- Gefühl des Festgefahrenen
- Hilflosigkeits-, Ohnmachtsgefühle
- Pessimismus/Fatalismus
- Apathie, Selbstmordgedanken
b) Aggression
    - Schuldzuweisung an andere oder an „das System"
    - Vorwürfe an andere
    - Verleugnung der Eigenbeteiligung
    - Ungeduld
    - Launenhaftigkeit
    - Intoleranz
    - Kompromissunfähigkeit
    - Nörgeleien
    - Negativismus
    - Reizbarkeit
    - Ärger und Ressentiments
    - Defensive/paranoide Einstellungen
    - Misstrauen
    - Häufige Konflikte mit anderen

Kategorie 3: Die betroffenen Personen erkennen, dass sie ihre Ziele und ihre Vorstellungen im Beruf nicht erreicht haben. Deshalb sollte eine Trauerarbeit bei diesen vollzogen werden. Wenn dies nicht geschieht, folgen eine emotionale Reaktion und die Schuldzuweisung. Dabei handelt es sich um die Schuldzuweisung zur eigenen Person oder der Umwelt. Richtet sich der Ausbrennende gegen sich selbst, so wird er depressiv. Dabei sieht er die Ursachen seiner Probleme in erster Linie bei sich. Durch dieses Vorgehen sinkt sein Selbstwertgefühl und wird als persönliches Versagen interpretiert. Der in Kategorie 2 beschriebene hochmotivierte Idealist, der nur den Rückzug vollzieht, bekommt in dieser Kategorie Schuldgefühle hinzu, die ihn unter Umständen das Gefühl der Existenzberechtigung verlieren lassen. Sucht der Ausbrennende die Schuld in seiner Umwelt, reagiert er aggressiv. Wutausbrüche und gereizte Stimmung gegen Kollegen, Untergebene oder Familienangehörige sind Anzeichen für eine unbegründete defensive Einstellung zur Umwelt und gelten für den Betroffenen als Rechtfertigung.

4. Abbau
a) der kognitiven Leistungsfähigkeit
   - Konzentrations- und Gedächtnisschwäche
   - Unfähigkeit zu komplexen Aufgaben
   - Ungenauigkeit
   - Desorganisation
   - Entscheidungsunfähigkeit
   - Unfähigkeit zu klaren Anweisungen
b) der Motivation
   - verringerte Initiative
   - verringerte Produktivität
   - Dienst nach Vorschrift
c) der Kreativität
   - verringerte Phantasie
   - verringerte Flexibilität
d) Entdifferenzierung
   - rigides Schwarz-Weiß-Denken
   - Widerstand gegen Veränderung

Kategorie 4: Der Abbau der kognitiven Leistungsfähigkeit tritt ein. Dies wird durch Flüchtigkeitsfehler wie Fehler in Briefen, Motivationsabbau, Kreativitätsabbau oder vergessene Terminabsprachen deutlich. Zudem folgt eine bequeme Denkweise und chronisches Ablehnen von Veränderungsvorschlägen („Entdifferenzierung").

5. Verflachung
a) des emotionalen Lebens
   - Verflachung gefühlsmäßiger Reaktionen
   - Gleichgültigkeit
b) des sozialen Lebens
   - weniger persönliche Anteilnahme an anderen oder expressive Bindung an Einzelne
   - Meidung informeller Kontakte
   - Suche nach interessanten Kontakten
   - Meidung von Gesprächen über die eigene Arbeit
   - Eigenbröteleien
   - Mit sich selbst beschäftigt sein
   - Einsamkeit

c) des geistigen Lebens
   - Aufgabe von Hobbys
   - Desinteresse
   - Langweile

Kategorie 5: Nach den Symptomen von Kategorie 4 kann eine generelle Verflachung des emotionalen, sozialen und geistigen Lebens eintreten. Gleichgültigkeit, Verlust von Anteilnahme, fehlende Aufmerksamkeit und Desinteresse sind die Folge. Ein Teufelskreis entsteht, denn dadurch können Freunde verloren gehen, wodurch eine nachfolgende Einsamkeit entstehen kann. Diese Situation macht alles noch aussichtsloser für den Ausbrennenden.

6. Psychosomatische Reaktionen
- Schwächung der Immunreaktion
- Unfähigkeit zur Entspannung in der Freizeit
- Schlafstörung
- Albträume
- Sexuelle Probleme
- Gerötetes Gesicht
- Herzklopfen
- Engegefühl in der Brust
- Atembeschwerden
- Beschleunigter Puls
- Erhöhter Blutdruck
- Muskelverspannungen
- Rückenschmerzen
- Kopfschmerzen
- Nervöse Ticks
- Verdauungsstörungen
- Übelkeit
- Magen-, Darmgeschwüre
- Gewichtsveränderungen
- Veränderungen der Essgewohnheiten
- Mehr Alkohol/Kaffee/Tabak/andere Drogen

Kategorie 6: Bereits parallel zu den oben genannten Symptomen der Anfangsphase zeigen sich psychosomatische Symptome wie steigende Häufigkeit von Krankheiten, Schlafstörungen, Verspannungen und Verdauungsbeschwerden. Durch veränderte Essgewohnheiten (überwiegend durch Süßigkeiten) kann das Körpergewicht nicht gehalten werden. Der Gebrauch von unterschiedlichen Drogen nimmt zu. Im weiteren Verlauf können Herzprobleme oder innere Geschwüre, wie z.B. im Magen-Darm-Trakt auftreten.

7. Verzweiflung
– Negative Einstellung zum Leben
– Hoffnungslosigkeit
– Gefühl der Sinnlosigkeit
– Selbstmordabsichten
– Existenzielle Verzweiflung

Kategorie 7: Das letzte Burnout-Stadium kann als existenzielle Verzweiflung bezeichnet werden. Das anfänglich temporäre Gefühl der Hilflosigkeit hat sich zum chronischen Gefühl der Hoffnungslosigkeit verdichtet. Das Leben hat für den Ausbrennenden keinen Sinn mehr. Selbstmordgedanken treten auf.

Selbstverständlich müssen bei einem Burnout-Fall nicht alle aufgelisteten Symptome vorhanden sein. Der Symptombegriff wird hier insofern gebraucht, dass das Vorhandensein eines gelisteten Symptoms die Wahrscheinlichkeit erhöht, dass die anderen Symptome auftreten oder auftreten werden. Nur wenige Autoren legen sich auf hinreichende oder notwendige Bedingungen fest. Dies liegt daran, dass zum einen sich unterschiedliche Symptome gegenseitig ausschließen können, zum anderen an der Forderung einer ungefähren zeitlichen Reihenfolge der Symptome. Zudem ist zu erwähnen, dass die Gliederung, wie sie hier erfolgt ist, nicht zwingend eingehalten werden muss. Schließlich kann der Prozess durch innere und äußere Veränderung zu jedem Zeitpunkt verändert oder sogar gestoppt werden. Natürlich nicht immer ohne bleibenden Beeinträchtigungen.[25]

---

25 Vgl.: Burisch, Matthias: Das Burnout-Syndrom. Theorie der inneren Erschöpfung – Zahlreiche Fallbeispiele – Hilfen zur Selbsthilfen. Springer-Verlag. Berlin/ Heidelberg/ New York 2010, S. 25ff.

2.5 Erklärungsansätze des Burnout-Syndroms

Gusy (1995) versucht die verschiedenen Erklärungsansätze von Burnout einzuordnen. Dabei teilt er Burnout in zwei Erklärungsansätze auf. Die persönlichkeitsorientierten Erklärungsansätze sehen die Ursache der Erkrankung in der Persönlichkeitsstruktur des Individuums. Die sozial-, arbeits- und organisationspsychologischen Erklärungsansätze gehen auf das Umfeld der Person auf der Arbeit und in der Gesellschaft ein. Folgend werden mehrere Erklärungsansätze von verschieden Autoren erläutert.[26]

2.5.1 Persönlichkeitszentrierte Erklärungsansätze

Modell von Edelwich und Brodsky (1984) – Burnout als Prozess fortschreitender Desillusionierung

Edelwich und Brodsky beschreiben vier Phasen der Desillusionierung bzw. des Ausbrennens. Diese Phasen reichen von Idealismus und enthusiastischem Engagement beim Helfen von Mitmenschen über Stagnation und Stillstand bei Enttäuschung oder negativer Erfolgsrückmeldung zur Frustration und wachsender privater sowie beruflicher Unzufriedenheit bis zur Apathie und vollkommenen Resignation. Dies kann zur inneren Kündigung und zum Burnout führen.

| Idealistische Begeisterung | Stagnation/ Stillstand | Frustration | Apathie |

Die Ursachen für Burnout sehen Edelwich und Brodsky in arbeits- und organisationsbedingten Faktoren. Zu diesen Faktoren zählen die Überlastung durch bestimmte Arbeitsbedingungen, Undankbarkeit der Klienten oder Patienten, Bürokratismus, Handlungseinschränkung oder eine geringe Bezahlung. Nach den Autoren ist die berufliche Motivation ein entscheidender Grund für das Ausbrennen. Ein überhöhtes Machtbedürfnis, idealisierte Erwartungen der eigenen beruflichen Einflussmöglichkeiten und zu hohe Ziele können dabei zu Burnout führen. Maßnahmen und Behandlung müssen nach den Autoren beim

---

26 Vgl.: Lanz, Caroline: Burnout aus ressourcenorientierter Sicht im Geschlechtervergleich, a.a.O., S. 54.

Betroffenen selbst aufgearbeitet (psychoanalytisch-therapeutisch) werden.[27]

Modell nach Freudenberger und Richelson (1983) – Burnout als Überanstrengung

Freudenberger und Richelson geben vor, dass individuelle sowie gesellschaftliche Entstehungsbedingungen für das Ausbrennen einer Person verantwortlich sind. Dies kann durch unrealistische, überhöhte Erwartungen, ein zu idealistisches Selbstbild der eigenen Einflussmöglichkeiten sowie durch ein übertriebenes Bedürfnis zum Helfen geschehen. Weiter unterscheiden die Autoren zwei Stadien des Burnouts. Zum einen beschreiben sie das empfindsame Stadium, in dem chronische Müdigkeit, psychosomatische Beschwerden und Reizbarkeit auftreten. Zum anderen das gefährlichere empfindungslose Stadium. Dieses beinhaltet das Verdrängen der eigenen Gefühle, welches schließlich zur Abstumpfung, Gleichgültigkeit, Zynismus oder zum Ausbrennen führt. Nach den Autoren sind allerdings nicht nur psychosoziale und pädagogische Berufsgruppen von Burnout gefährdet, sondern auch andere Bevölkerungsgruppen wie Minderheiten oder Unterprivilegierte.[28]

Modell nach Meier (1983) – Burnout als Erwartungs- und Wirklichkeitsdiskrepanz

Meier beschreibt in seinem Modell, dass die Burnout-Erkrankung infolge eines erwarteten Mangels an Erfolgen und Belohnung durch die Arbeit sowie durch fehlendes Feedback und Kompetenzrückmeldungen geschehen kann. Dieses Modell stellt Burnout als eine Funktion von personen- und umweltbezogenen Faktoren dar. Die arbeitende Person macht nach Meier unterschiedliche Erfahrungen, die zu bestimmten Erwartungen und dadurch auch zum Ausbrennen führen können. Meiers vier Erwartungen nehmen in seinem Model eine zentrale Rolle ein. Er skizziert sie wie folgt:

---

27 Vgl.: Körner, Sylvia C.: Das Phänomen Burnout am Arbeitsplatz Schule, a.a.O., S. 49f.
28 Vgl.: Ebd., S. 43.

- die Erwartung positiver Bekräftigungen (niedrig)
- die Erwartung von Bestrafung (hoch)
- die Erwartung, dass Bekräftigungen im Prinzip kontrollierbar sind (niedrig)
- die Erwartung, sie selbst kontrollieren zu können (ebenfalls niedrig).[29]

Das Modell berücksichtigt hierbei die Interaktion zwischen internalen und externalen Prozessen, bei welchen die Ursachen für das Ausbrennen sowohl in der Umgebung als auch beim Individuum gesehen werden.

Modell nach Burisch (1994) – Burnout als gestörte Handlungsepisode

Burisch beschreibt Burnout als einen Zustand der „inneren Erschöpfung", welcher in jedem Berufszweig auftreten kann. Er beschreibt Burnout als einen in Gang gesetzten Prozess durch Autonomieeinbußen in gestörten Auseinandersetzungen des Individuums mit dessen Umwelt. Zum Beginn des Burnout-Prozesses muss laut Burisch mindestens eine gestörte Handlungsepisode, die nicht ausreichend bewältigt worden ist, stehen. Aufgrund dieser Annahme erstellte Burisch seine Handlungstheorie, die sich in ein ungestörten und einer gestörte Handlungsepisode aufteilen lässt. Die beiden Handlungsepisoden können als Analyseeinheiten angesehen werden.

Bei der ungestörten Handlungsepisode handelt es sich um einen Plan, der von einem Ist-Zustand zu einem Soll-Zustand führen soll. Dieses Vorhaben beinhaltet auch die angestrebten Ziele. Gleichzeitig mit den ersten Handlungsentwürfen bilden sich verschiedene Arten von Erwartungen. Meist geschieht dies eher unbewusst als bewusst. Diese Erwartungen nehmen Bezug auf das Niveau des Ziels, auf den erfolgreichen Zeit- und Energieaufwand, die Erfolgswahrscheinlichkeit, mögliche Chancen und Risiken, und emotionale Kompetenzen. Wurde die Handlungsepisode planmäßig durchgeführt und somit das Ziel bzw. die Ziele erreicht, so entsteht beim Individuum Zufriedenheit, wodurch eine neue Handlungsepisode angestrebt wird.

---

29 Burisch, Matthias: Das Burnout-Syndrom, S. 47.

2. Das Burnout-Syndrom

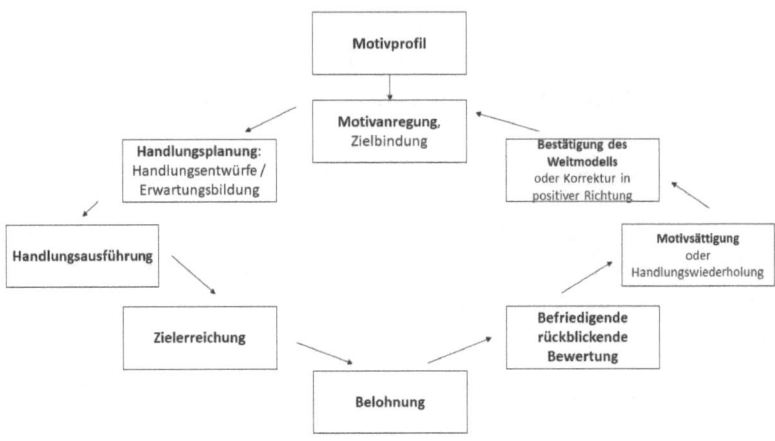

Abbildung 1: Ungestörte Handlungsepisode[30]

Bei der gestörten Handlungsepisode hingegen kommen Störungen beim Erreichen der Ziele hinzu. Burisch unterscheidet hier vier mögliche Störanfälle für diese Episode: Zielvereitelung, Zielerschwerung, Ausbleiben der Belohnung und negative Nebenwirkungen. In allen vier Fällen handelt es sich um subjektiven Misserfolg und alle können somit zu Burnout führen. Durch bzw. nach einer gestörten Handlungsepisode sind die Betroffen meist wenig an einer erneuten Handlungsepisode interessiert.[31]

2.5.2 Sozial-, arbeits- und organisationspsychologische Erklärungsansätze

Modell nach Pines, Aronson und Kafry (1980) – Überdruss und Burnout

Die Autoren gehen auf die Erschöpfung im Burnout-Modell ein und verdeutlichen, wie bei ihrer Definition von Überdruss, die Anwesenheit und Erfahrung von einstellungsmäßiger (geistiger), emotionaler und körperlicher Erschöpfung. Die Autoren, wie auch Maslach und Jackson, sehen eine bestimmte Persönlichkeitsstruktur der Helfer wie z.B. Beziehungsorientierung, Empathie und Idealität als Entstehungsbedingungen für Burnout. Die Hauptursache dafür sehen sie jedoch

---

30 Abb. 1: Burisch, Matthias: Das Burnout-Syndrom, S. 161.
31 Vgl.: Ebd., S. 159ff.

bei der Arbeitstätigkeit und deren Bedingungen. Diese Bedingungen können im Aspekt der Arbeits- und Organisationsbedingungen durch einen Mangel an Vielseitigkeit, ungenügende Unterstützungssysteme oder unklare Rollenverteilung ins Negative verändert werden. Pines et al. vereinfachen ihre Theorie in folgendem Schaubild:

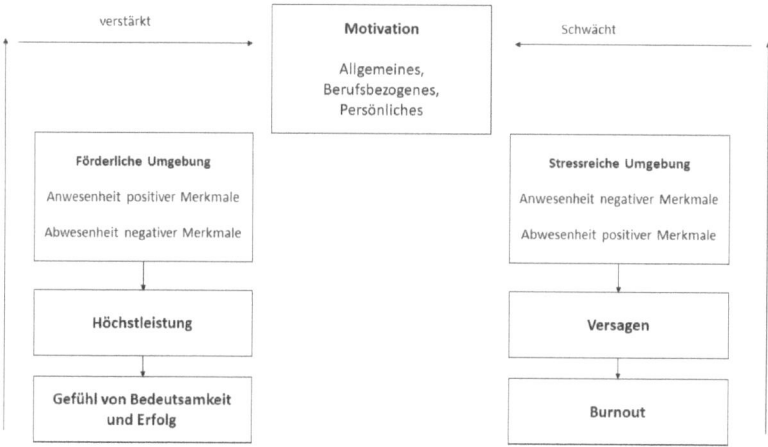

Abbildung 2: Burnout-Modell nach Pines et al.[32]

Modell nach Harrison (1983) – Das „Soziale-Kompetenz-Modell" des Burnouts

Harrison erklärt mit seinem sog. „Soziale-Kompetenz-Modell" die Entwicklung von Burnout als einen vergeblichen Versuch, Mitmenschen bzw. Klienten oder Patienten zu helfen, wodurch ein niedriges Kompetenzgefühl entsteht. Dies kann langfristig zum Ausbrennen führen. Harrison spricht dabei nur Personen und Arbeiter an, die in sozialen Berufen tätig sind. Der Kern seines Modells liegt im Kompetenzgefühl dieser Personen. Das Kompetenzgefühl der betroffenen Personen entwickelt sich durch ihre temporären Erfahrungen im Beruf, die Beeinflussung ihrer beruflichen Umwelt und durch Erfolgs- oder Misserfolgsrückmeldungen. Sind diese Faktoren negativ belastet, entsteht ein geringeres Kompetenzgefühl, welches Motivationsverlust

---

32 Abb.3: Kleiber, Dieter/Enzmann, Dirk: Helfer-Leiden, a.a.O., S. 30.

sowie geringe Erfolgserwartungen mit sich führt. Die Gefahr von Burnout ist nun gegeben.[33]

Modell nach Maslach und Jackson (1984) – Burnout als Folge emotionaler Überbeanspruchung

Maslach und Jackson nehmen in ihrem Modell die angenommenen Entstehungsbedingungen von Burnout wieder auf, wobei der Fokus auf den zwei Dimensionen Depersonalisierung und abnehmende persönliche Leistungsfähigkeit liegt. Auf diese Dimensionen wird an mehreren Stellen dieser Arbeit eingegangen (vgl. Kap. 2.2).

Nach Maslach und Jackson sind bestimmte Arbeitsbedingungen sowie die Art der Helfer- Klient-Beziehung Entstehungsbedingungen für die Depersonalisierung und emotionale Erschöpfung. Wie bei Aronson et al. sehen die Autoren die Hauptursache von Burnout in den Arbeitsbedingungen und der Organisationsstruktur. Natürlich erwähnen sie dabei auch noch bestimmte Eigenschaften der Einzelperson, die u.a. persönlicher Stil, Interessen, Erwartungen, Bedürfnisse oder ein Selbstkonzept beinhalten. Auch sie sehen als Burnout-fördernde Komponenten die fehlende Belohnung oder mangelndes Feedback, Rollenunklarheit und Rollenkonflikte, etc. an. Zudem legen die beiden Autoren gesellschaftlich-soziale Veränderungen als die Ursache für Depersonalisierung fest. Darunter zählt der Verlust an Gemeinschaftsgefühl, Veränderung der Familienstruktur etc..[34]

Eisenstat und Felner (1983) – Das „Stressmodell" des Burnout-Syndroms

Eisenstat und Felner gehen verstärkt auf die drei Burnout-Dimensionen ein. Nach ihnen ist für die emotionale Erschöpfung sowie die Depersonalisierung eine starke Anwesenheit von Arbeitsstressoren verantwortlich. Diese können sich als negative Einstellung und Verhaltensweisen gegenüber den Klienten äußern. Zu Arbeitsstressoren zählen sie eine hohe quantitative Arbeitsbelastung und fehlende Rückmeldung über den Arbeitserfolg. Aus dem folgenden Mangel an Arbeitsmotivation resultiert eine berufliche Unzufriedenheit, die das Nachlas-

---

33 Vgl.: Körner, Sylvia C.: Das Phänomen Burnout am Arbeitsplatz Schule, a.a.O., S. 45.
34 Vgl.: Ebd., S. 48.

sen der persönlichen Leistungsfähigkeit zur Folge hat. Unter Arbeitsmotivation differenzieren die Autoren die intrinsische und extrinsische Motivation. Die intrinsische Motivation in sozialen Berufen bestimmt zumeist die Arbeitsqualität der Arbeiter. Abwechslung, Bedeutsamkeit, Identifikation, Autonomie und Feedbacks können die intrinsische Motivation aufrechterhalten oder sogar verstärken. Eine extrinsische Motivation kann z.B. die Bezahlung darstellen.

Um Arbeitsunzufriedenheit oder Burnout zu vermeiden, ist eine Strukturierung der Arbeit vonnöten. Zwar wirken Stressoren nicht direkt auf die Arbeitsmotivation ein, jedoch sind ihre Auswirkungen auf die emotionale und körperliche Erschöpfung erkennbar. Im Stressmodell von Eisenstat und Felner wird Burnout als multidimensionales Syndrom interpretiert und postuliert, welches verdeutlicht, dass Stressoren sowie Motivatoren zur Entstehung dieses Syndroms beitragen. Dabei gehen sie auf die unterschiedlichen Auswirkungen und auf die Dimensionen ein.[35]

2.5.3 Fazit

Durch die erläuterten Erklärungsansätze unterschiedlicher Burnout-Modelle von mehreren Forschern und Wissenschaftlern werden die Komplexität des Burnout-Syndroms und die unterschiedlichen Entstehungsfaktoren festgestellt und verdeutlicht. Die Modelle zur Entstehung basieren meist auf Modellen zur Erklärung von Stress, Arbeitszufriedenheit oder anderen Beanspruchungskonzepten. Trotz der Unterschiedlichkeit dieser Modelle und der einseitigen Betrachtungsweise, in der die Entstehung von Burnout entweder nur individuumsbezogen oder nur organisationsbezogen gesehen wird, ergeben sich oft inhaltliche Überlappungen und Gemeinsamkeiten. Die Modelle kann man vielmehr als „Puzzleteile" zur Erreichung eines theoretisch fundierten und empirisch akzeptierten Burnout-Konzeptes verstehen.

---

35 Vgl.: Ebd., S. 46.

2.6 Der Entwicklungsverlauf des Burnout-Syndroms

Die Literatur ist sich einig, dass Burnout nicht abrupt einsetzt, sondern ein von außen beobachtbarer, schleichend einsetzender und langwieriger Prozess ist. Bis heute ist es noch nicht geschehen, den Beginn eines Burnout-Prozesses auf ein Initialerlebnis zu datieren. Eine Reihe von Autoren wie Edelwich und Brodsky (1980), Cherniss (1980), Freudenberger und Richelson (1983), Lauderdale (1982) sowie Pines und Maslach (1978) beschäftigen sich mit den Verlaufsstadien und behaupten somit, dass es eine gewisse Regelmäßigkeit im Auftreten von Symptomen bei Burnout gibt. Folgende Übersicht stellt die postulierten Verlaufsstadien genannter Autoren dar. Dabei ist zu erwähnen, dass es sich hierbei nicht um systematische, empirische Studien handelt, sondern um einen intuitiven Typisierungsversuch.

Burnout-Phasentheorien

Freudenberger:
Phase 1: Empfindendes Stadium
- Chronische Müdigkeit
- Höherer Energieeinsatz zur Erreichung der gewohnten Leistungsstandards
- Verdrängung negativer Gefühle

Phase 2: Empfindungsloses Stadium Symptome von (1) plus
- Gleichgültigkeit
- Langeweile
- Zynismus
- Ungeduld
- Erhöhte Reizbarkeit
- Gefühl der Unersetzlichkeit
- Angst, nicht anerkannt zu werden
- Schuldzuschreibung an die Umwelt
- Kognitive Desorientierung wegen Überlastung
- Psychosomatische Beschwerden
- Depressionen

2.6 Der Entwicklungsverlauf des Burnout-Syndroms

Cherniss:
Phase 1: Berufsstress
- Anforderungen übersteigen die Ressourcen

Phase 2: Stillstand
- Angst
- Spannung
- Reizbarkeit
- Ermüdung
- Erschöpfung

Phase 3: Defensive Bewältigungsversuche
- Emotionale Abkopplung
- Rückzug
- Zynismus
- Rigidität

Lauderdale:
Phase 1: Verwirrung
- Vages Gefühl, dass etwas nicht in Ordnung ist
- Gelegentlich grundlose Angst
- Beginnende somatische Symptome, wie Kopfschmerzen, Angespanntheit, Schlaflosigkeit, Energiemangel

Phase 2: Frustration
- Unzufriedenheit und Ärger
- Gereiztheit gegen Freunde und Kollegen
- Evtl. Arbeitsplatzwechsel
- Gefühl, betrogen zu werden
- Ausgeprägtere somatische Symptome, wie Rückenschmerzen, Migräne
- Entspannung nur noch mit Alkohol und Tranquilizern

Phase 3: Verzweiflung
- Insuffizienzgefühle
- Gefühl der Sinnlosigkeit
- Selbstanklagen
- Zynismus
- Misstrauen
- Mechanisierung des Lebens
- Erschöpfungsgefühl schon bei kleineren Anforderungen
- Rückzug
- Apathie

> **Edelwich:**
> Phase 1: Idealistische Begeisterung
> - Selbstüberschätzung
> - Hochgesteckte Ziele
> - Omnipotenzphantasien
> - Optimismus
> - Hoher Energieeinsatz
> - Überidentifikation mit Klienten und mit der Arbeit allgemein
>
> Phase 2: Stillstand
> - Erste Enttäuschungen
> - Bedürfnisse nach Komfort, Freizeit, Freunden, Karriereaussichten werden wichtiger
> - Beschränkung der Kontakte auf Kollegen
> - Reduzierung des Lebens auf die Arbeit
> - Familienleben leidet
> - Rückzug von Klienten
>
> Phase 3: Frustration
> - Erfahrung der Erfolglosigkeit und der Machtlosigkeit
> - Probleme mit Bürokratie
> - Fühlbarer Mangel an Anerkennung von Klienten und Vorgesetzten
> - Zu viel Papierkrieg
> - Gefühl der Inkompetenz
> - Psychosomatosen
> - Drogengebrauch
> - Überernährung
>
> Phase 4: Apathie
> - Völlige Desillusionierung
> - Verzweiflung wegen schwindender beruflicher Alternativen
> - Resignation
> - Gleichgültigkeit
>
> Phase 5: Intervention (fallspezifisch)

> **Maslach:**
> Phase 1a: Emotionale Erschöpfung
> – Müdigkeit schon beim Gedanken an die Arbeit
> Phase 1b: Physische Erschöpfung
> – Schlafstörungen
> – Anfälligkeit für Erkältungen, Kopfschmerzen, sonstige Schmerzen
> Phase 2: Dehumanisierung
> – Negative, zynische Einstellung zu Kollegen
> – Negatives Gefühl für Patienten/Klienten
> – Schuldgefühle
> – Rückzug ins Schneckenhaus
> – Vermeidung von Unannehmlichkeiten
> – Reduzierung der Arbeit auf das Allernotwendigste
> Phase 3: Terminales Stadium
> – Widerwillen gegen sich selbst
> – Widerwillen gegen alle anderen Menschen
> – Widerwillen gegen überhaupt alles

Die Abgrenzung der Stadien verläuft größtenteils willkürlich. Von den Autoren selbst wird dies ausdrücklich betont. Weiter ist zu erwähnen, dass Freudenberger und Lauderdale ausschließlich über Wirtschaftsberufe forschen, wogegen Edelwich, Cherniss, Pines und Maslach sich ausnahmslos mit professionellen Helferberufen beschäftigen. Nur Cherniss beschreibt als einziger die auslösende Situation (Berufsstress) als eigenständiges Stadium, welches bei den anderen Autoren zeitlich vorangehend mitgedacht werden muss. Freudenberger und Edelwich nehmen als Initialreaktion die überhöhten Anforderungen und den durchzuhaltenden Energieeinsatz. Bei allen Autoren folgen nun die klassischen Warnsignale wie Ermüdung, Erschöpfung, verschlechterte Beziehungen in der sozialen Umwelt sowie Reizbarkeit, Ungeduld und Vorwürfe. Der Begriff der Dehumanisierung kommt allerdings nur in Berufen vor, bei denen die Beziehung im Zentrum steht, also bei Helferberufen. Die aufkommenden und begleitenden Psychosomatiken werden, außer von Cherniss, auch von allen Autoren erwähnt. Der Endzustand wird von allen mit den Begriffen Depression und Rückzug charakterisiert. Lauderdale, Cherniss und Maslach sprechen sogar von Apathie, Verzweiflung oder Widerwillen.[36]

2.7 Messinstrumente des Burnout-Syndroms

Viele der früheren Burnout-Publikationen beinhalten Fragebögen, die eine Messung und Feststellung von Burnout verfolgten. Jedoch wurde ihre technische Qualität nie ganzheitlich überprüft. Aus der Fülle an Burnout-Fragebögen haben sich zwei Instrumente durchgesetzt: das Maslach Burnout Inventory (MBI) und das Tedium Measure (auch „Überdrussskala"). Folgend werden diese und drei weitere Messinstrumente vorgestellt und erläutert.

2.7.1 Das MBI (Maslach-Burnout-Inventory)

Die ursprüngliche Version des Maslach Burnout Inventory (MBI) besteht aus 22 Items, die in folgende drei Skalen gegliedert sind:
- Emotionale Erschöpfung (Emotional Exhaustion, EE), 9 Items
- Depersonalisierung (DP), 5 Items
- Leistungs(un)zufriedenheit (Personal Accomplishment, PA), 8 Items

Die Originalfassung des MBI beinhaltete eigentlich sechs Subskalen, die jedes Item auf die Intensität und nach der Häufigkeit befragten. Eine spätere Neuerung ließ dann die Intensitätsskala zugunsten des Häufigkeitsformats fallen. Mit der Zeit folgten weitere Neuerungen und Verbesserungsvorschläge. Diese spezialisieren sich meist auf bestimmte Tätigkeiten und Berufsfelder. So entsteht der MBI Human Services Survey (MBI-HSS), der mit sieben Items den allgemeinen Ausdruck „recipients" nutze, welcher für Krankenpflegepersonal, Sozialarbeiter o. Ä. vorgesehen ist. Eine weitere Form ist der MBI Educators Survey (MBI-ES), der lediglich den Begriff „recipients" durch „students" ersetzt, welcher somit die Anwendbarkeit in pädagogischen Bereichen möglich macht. Zusätzlich gibt es noch eine neue Version.

---

36 Vgl.: Burisch, Matthias: Das Burnout-Syndrom, S. 39-41.

Der MBI General Survey (MBI-GS) ist für alle Berufstätige vorgesehen.[37]

Von allen MBI-Varianten liegen mehrere Übersetzungen vor. Die folgenden Fragen orientieren sich an der Fassung von Büssing/Perrar aus dem Jahr 1992. Diese ist die einzige Fassung, die von Maslach autorisiert wurde. Die Fragen mussten mit einem Kreuz auf einer 5-Punkte-Skala zwischen sehr stark/sehr oft und sehr schwach/sehr selten beantwortet werden.

1. Ich fühle mich durch meine Arbeit ausgebrannt. (ER)
2. Der direkte Kontakt mit Menschen bei meiner Arbeit belastet mich zu stark. (ER)
3. Den ganzen Tag mit Menschen zu arbeiten, ist für mich wirklich anstrengend. (ER)
4. Ich fühle mich von den Problemen meiner Patienten persönlich betroffen.
5. Ich glaube, dass ich manche Patienten so behandle, als wären sie unpersönliche „Objekte". (DP)
6. Ich fühle mich durch meine Arbeit emotional erschöpft. (ER)
7. Ich habe das Gefühl, dass ich durch meine Arbeit das Leben anderer Menschen positiv beeinflusse. (PE)
8. Ich bin in guter Stimmung, wenn ich intensiv mit meinen Patienten gearbeitet habe. (PE)
9. Ich glaube, dass ich nicht mehr weiter weiß. (ER)
10. Bei der Arbeit gehe ich mit emotionalen Problemen ziemlich gelassen um. (PE)
11. Ich habe ein unbehagliches Gefühl wegen der Art und Weise, wie ich manche Patienten behandelt habe.
12. Am Ende eines Arbeitstages fühle ich mich verbraucht. (ER)
13. Es ist leicht für mich, eine entspannte Atmosphäre mit meinen Patienten herzustellen. (PE)
14. Ich fühle mich wieder müde, wenn ich morgens aufstehe und den nächsten Arbeitstag vor mir habe. (ER)
15. In vieler Hinsicht fühle ich mich ähnlich wie meine Patienten.
16. Ich fühle mich sehr tatkräftig. (PE)

---

37 Vgl.: Burisch, Matthias: Das Burnout-Syndrom, a.a.O., S. 34f.

17. Ich gehe ziemlich erfolgreich mit den Problemen meiner Patienten um. (PE)
18. Ich habe das Gefühl, dass ich an meinem Arbeitsplatz zu hart arbeite. (ER)
19. Ich fühle mich durch meine Arbeit frustriert. (ER)
20. Ich habe das Gefühl, dass Patienten mir die Schuld für einige ihrer Probleme geben. (DP)
21. Ich habe in meiner Arbeit viele lohnenswerte Dinge erreicht. (PE)
22. Ich befürchte, dass diese Arbeit mich emotional verhärtet. (DP)
23. Es fällt mir leicht, mich in meine Patienten hineinzuversetzen. (PE)
24. Es macht mir nicht wirklich viel aus, was mit manchen Patienten passiert. (DP)
25. Seitdem ich diese Arbeit ausübe, bin ich gefühlloser im Umgang mit anderen Menschen geworden. (DP)[38]

Diese Fassung besteht, im Gegensatz zur englischen Fassung, aus 25 Items, da noch drei Items der Skala Involviertheit hinzugekommen sind. Kritisch ist zu betrachten, dass das MBI sich auf die ganze Burnout-Forschung auswirkte. Das MBI hatte nach der Veröffentlichung eine ausgeprägte Monopolstellung zur Messung von Burnout. Weiterhin ist zu kritisieren, dass das Diagnostikum keine ausreichende Gültigkeit und Validität beinhaltet. Dadurch können verwandte Konzepte wie Arbeitsunzufriedenheit oder Depression nicht von Burnout abgegrenzt werden.

2.7.2 Die Überdruss-Skala

Die Überdruss-Skala, im Original Tedium Measure (TM), beinhaltet 21 Items, die nur hinsichtlich ihrer Häufigkeit beantwortet werden müssen. Das Tedium Measure wurde von Pines et al. entwickelt und stellt das Konkurrenzprodukt zum MBI dar. Allerdings gibt es auch in der theoretischen Ausrichtung deutliche Gemeinsamkeiten. Denn beide Autoren, Pines und Maslach, waren nach ihrer Berufsbiografie eher sozialpsychologisch ausgerichtet. Zu den Gemeinsamkeiten gehören, dass die wesentlichen Komponenten von Burnout, die körperliche, die

---

[38] Hedderich, Ingeborg: Schulische Belastungssituationen erfolgreich bewältigen, a.a.O., S. 41.

emotionale und die geistige Erschöpfung übereinstimmen. Die deutsche Fassung des TM wird im Folgenden wiedergegeben. Dabei werden die einzelnen Fragen mit einer Skala von 1-7 (niemals bis immer) beantwortet:

Bitte beantworten Sie nach der folgenden Skala, ob Sie
1. müde sind,
2. sich niedergeschlagen fühlen,
3. einen guten Tag haben,
4. körperlich erschöpft sind,
5. emotional erschöpft sind,
6. glücklich sind,
7. „erledigt" sind,
8. „ausgebrannt" sind,
9. unglücklich sind
10. sich abgearbeitet fühlen,
11. sich befangen fühlen,
12. sich wertlos fühlen,
13. überdrüssig sind,
14. bekümmert sind,
15. über andere verärgert oder enttäuscht sind,
16. sich schwach und hilflos fühlen,
17. sich hoffnungslos fühlen,
18. sich zurückgewiesen fühlen,
19. sich optimistisch fühlen,
20. sich tatkräftig fühlen,
21. Angst haben.[39]

Die Autoren Hiller und Marwitz (2006) nehmen zu diesem Verfahren kritisch Stellung. Sie kritisieren, dass die mitgeteilten Normwerte nicht an einer repräsentativen Strichprobe erhoben wurden. Dadurch seien die Ergebnisse nicht interpretierbar. Für einen der zwei meistgenutzten Tests für Burnout-Messungen ist dies für das Tedium Measure ein sehr ernüchterndes Resümee. Die Vorteile dieses Verfahrens liegen sehr deutlich in der Ökonomie. Die Durchführung verläuft schnell und das

---

39 Ebd., S. 42.

Ergebnis kann selbst diagnostiziert werden. Jedoch bleibt der wissenschaftliche Wert der Diagnostik zurück.[40]

2.7.3 Die SBS-HP (Staff Burnout Scale for Health Professionals)

J. W. Jones entwickelte 1981 die Staff Burnout Scale for Health Professionals. Jones bezieht in seinem Messverfahren die psychologische (affektive und kognitive), psychophysiologische und Verhaltensdimensionen mit ein. Sein Burnout-Verständnis sieht er so, wie es von Maslach und Pines definiert worden ist. Das Messinstrument besteht aus dreißig Items, die mit einer sechsstufigen Likertskala erfasst werden. Zehn Items davon sind sogenannte Lügenitems, die die Tendenz des Geprüften zum Lügen prüfen soll. Die zwanzig weiteren Items sollen vier Burnout-Faktoren wie psychische und interpersonelle Spannungen, allgemeine Arbeitsunzufriedenheit, körperliches Kranksein und Disstress sowie inadäquate Beziehung zu Patienten erfassen.[41]

2.7.4 Weitere Fragebögen und ihre Alternativen

Das OLBI (Oldenburg Burnout-Inventar) entstammt einer Diplomarbeit von Ebbinghaus aus dem Jahre 1986. Sein Messinstrument enthält die zwei Skalen Erschöpfung und Engagement, die jeweils mit acht Items ausgestattet sind. „Nach der Arbeit brauche ich jetzt längere Erholungspausen als früher, um wieder fit zu werden" und „Mit der Zeit engagiere ich mich immer mehr bei meiner Arbeit" sind nur zwei Beispiele der inbegriffenen Items. Leider ist bis heute über die Validität des OLBI nur wenig bekannt.

Ein weiteres Messinstrument für Burnout kommt von der Dresdner Arbeitsgruppe des Psychologen Winfried Hacker, der 1995 das sogenannte BHD-System entwickelte. Dieses System dient dem Beanspruchungsscreening bei Humandienstleistungen. Das BHD beinhaltet fünf Skalen von je 1-12 Items. Mit einer weiteren Checkliste werden bestimmte organisations-, patienten- und tätigkeitsbedingte Anforderungen erhoben. Das BHD-System dient primär für Pflegeberufe.

---

40 Vgl.: Ebd., S. 43.
41 Vgl.: Kleiber, Dieter/Enzmann, Dirk: Helfer-Leiden, a.a.O., S. 108.

Alternativen zu Fragebögen sind rar und teuer. Deshalb genießen die oben genannten Fragebögen in der sozialwissenschaftlichen Forschung eine enorme Beliebtheit. Die einzige bekannte und nennenswerte Alternative kommt von Cherniss 1980, bei dieser mehrere unabhängige Beurteiler Interviews vergaben. Bei dieser Studie wurden 28 Teilnehmer mehrfach interviewt, was zeigen soll, welch ein Aufwand hinter dieser Forschungsarbeit steckt. Also können trotz des Aufwandes und der Kosten Interviews als mögliche Alternative zu Fragebögen in Betracht gezogen werden.[42]

---

42 Vgl.: Burisch, Matthias: Das Burnout-Syndrom a.a.O., S. 36f.

3. Belastungen und Beanspruchungen im Lehrerberuf

Das Klischee, dass Lehrer morgens recht und mittags frei haben, kann heutzutage nur noch widerlegt werden. Mit seiner enormen Verantwortung gegenüber den Schülerinnen und Schülern und somit auch gegenüber der ganzen Gesellschaft gehen für die Lehrkraft etliche Belastungen und Beanspruchungen einher. Mehrere Studien, u. a. Studien des BLLV (Bayrischer Lehrerinnen- und Lehrerverband), beweisen, dass die Belastungen einer Lehrkraft in den letzten Jahrzehnten gestiegen sind. Zudem sind Lehrerinnen und Lehrer am häufigsten gefährdet, an Burnout zu erkranken. Die Folgen sind sehr häufig gesundheitliche Beeinträchtigungen, die oft sogar zu einer Frühpensionierung der Lehrkräfte führen. Die dargestellte Situation macht die Notwendigkeit, sich mit den Belastungen und Beanspruchungen im Lehrerberuf zu befassen, deutlich.

Um mögliche Prä- und Interventionsmaßnahmen zu erstellen und durchzuführen, müssen erst mal die möglichen eingehenden Belastungen und Beanspruchungen, die auf die Lehrkraft einwirken, betrachtet werden. In den folgenden Kapiteln werden diese nach einer Begriffserklärung aufgegriffen und später in die unterschiedlichen Faktoren (schulorganisatorische Bedingungen, arbeitshygienische Bedingungen, soziale Bedingungen und gesellschaftlich-kulturelle Bedingungen) aufgeteilt. Um das theoretische Verständnis abzurunden, wird Rudows Beanspruchungsmodell herangezogen. Ebenso wird das Instrument AVEM von Schaarschmidt, das Verhaltens- und Erlebensmerkmale in Bezug auf Arbeit und Beruf untersucht, vorgestellt.

3.1 Begriffsklärung und Definitionen

Der größte Teil der Menschen wird unter dem Begriff „Belastung" eine solche oder ähnliche Definition wie die aus dem Brockhaus verstehen. In der Enzyklopädie versteht man unter Belastung eine „starke körperliche und seelische Beanspruchung durch anhaltende äußere oder innere Aktivität[en] oder Reizeinwirkung[en]." In der Literatur wird der Begriff allerdings meist nicht wie in der oben genannten Definition verstanden, sondern es werden Definitionen bevorzugt wie die von H. G. Schönwälder aus dem Jahr 1989. Bei seinem Versuch die Belastung zu beschreiben, orientiert er sich an den Arbeitswissenschaften und folgert, „dass alle aus Arbeitsaufgaben folgenden Anforderungen an einen Menschen, die geeignet sind, bei ihm physische oder psychische Reaktionen hervorzurufen, als Belastungen zu bezeichnen sind; deren Folgen werden als Beanspruchung benannt."[43]

Rudow fertigt eine ähnliche Definition an, die allerdings körperliche (Anforderungen an Muskelkraft und physiologische Regulationssysteme), psychische (geistige Anforderungen) und soziale (sozial-interaktive Anforderungen) Belastungen unterscheidet.[44] Für die psychische Belastung und Beanspruchung haben sich folgende Definitionen durchgesetzt:

„Psychische Belastung: Die Gesamtheit aller erfassbaren Einflüsse, die von außen auf den Menschen zukommen und psychisch auf ihn wirken.

Psychische Beanspruchung: Die zeitlich unmittelbare und nicht langfristige Auswirkung der psychischen Belastung auf die Einzelpersonen in Abhängigkeit von ihren eigenen habituellen und augenblicklichen Voraussetzungen einschließlich der individuellen Auseinandersetzungsstrategie."[45]

Heute werden die Begriffe „Belastung" und „Beanspruchung" oft mit dem Begriff „Stress" verbunden. Der Begriff „Stress" wird leider sehr unterschiedlich und weitgreifend verwendet. Deshalb sind die Be-

---
43 Schönwälder, Hans-Günther: Belastungen im Lehrerberuf, in: Pädagogik, Heft 6, 1989, S. 11.
44 Vgl.: Rudow, Bernd: Arbeits- und Gesundheitsschutz im Lehrerberuf. Schulmanagement, Heft 6, 2000, S. 36.
45 Ebd., S. 36.

grifflichkeiten nur schwer zu unterscheiden und zu trennen. In bekannten Ausführungen wird verdeutlicht, dass Belastung zu Stress werden kann und sich dadurch ebenso äußert. Die Übergänge zwischen den Begriffen sind also fließend. Letztendlich verwenden die meisten Autoren die Begriffe „Belastung", „Beanspruchung" und „Stress" nicht einheitlich. Rudow hat aus diesem Grund für die Belastungsforschung theoretische Ansätze entwickelt, die sich in seinem „Beanspruchungsmodell" bzw. „Rahmenmodell der Belastung und Beanspruchung" wiederfinden.[46]

3.2 Das Rahmenmodell der Belastung und Beanspruchung (nach Rudow)

Das Rahmenmodell von Rudow aus dem Jahre 1994 stellt Belastungen, Beanspruchungsreaktionen und -folgen dar. Dazu erklärt das Modell die möglichen Beziehungen zwischen den einzelnen Komponenten. Rudow verfolgt dabei das Ziel, ein besseres Verständnis über Zusammenhänge zwischen Belastung, Beanspruchung, Tätigkeitsanforderungen und arbeitsbedingten Erkrankungen im Lehrerberuf zu schaffen.

Wie im nachfolgenden Bild zu sehen ist, unterscheidet Rudow objektive und subjektive oder psychische Belastungen. Zu der objektiven Belastung zählt Rudow die von der Lehrkraft unabhängigen Faktoren in der Tätigkeit. Dabei meint er alle Arbeitsaufgaben einer Lehrkraft (Lehren, Verwalten, Organisieren) sowie die Arbeitsbedingungen unter denen diese zu erfüllen sind. Zu diesen Bedingungen zählen z.B. räumliche und materielle Ausstattung der Schule oder auch die Schüleranzahl. Für Rudow besteht die objektive Belastung aus den Komponenten körperlichen, sozialen und geistigen Anforderungen, welches als wertneutrales Phänomen zu sehen ist.

---

[46] Vgl.: Urbutt, Anne: Belastungen im Lehrerberuf. Faktoren der Belastung und Strategien der Belastungsbewältigung. Diplomica-Verlag. Hamburg 2015, S. 11.

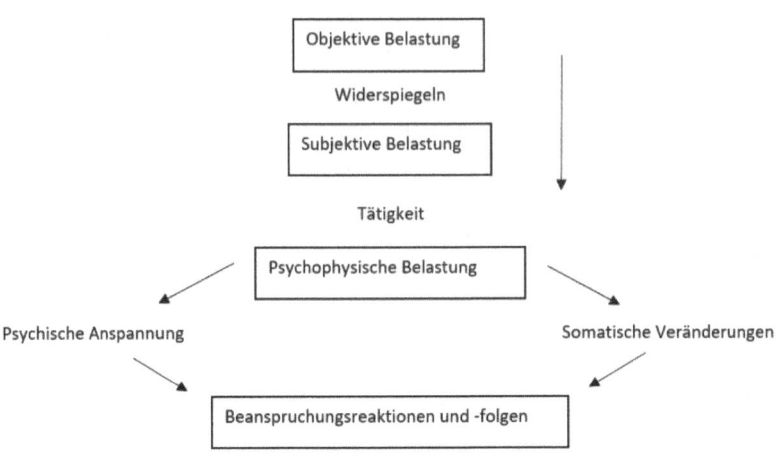

Abbildung 3: Belastungs-Beanspruchungsmodell nach Rudow

Erst nach der Bewertung der objektiven Belastung entwickelt sich die subjektive oder psychische Belastung. Rudow bezeichnet dies als „Widerspiegelung" objektiver Belastung. Für die Qualität der subjektiven Belastung sind die Vorerfahrungen entscheidend. Jede erlebte Situation hängt von bestimmten Attributstrukturen ab, welche zu einer Zuschreibung vermuteter Ursachen von Erfolgen bzw. Misserfolgen führen. Dabei schreiben sich internal attribuierende Menschen den Erfolg selber zu, während external attribuierende es dem Zufall oder der gegebenen Leichtigkeit einer Aufgabe zuschreiben. Für die Wahrnehmung künftiger objektiver Belastungssituationen haben diese Zuschreibungen großen Einfluss.[47]

Einen weiteren wesentlichen Einfluss auf den Prozess der Widerspiegelung haben die psychischen und körperlichen Handlungsvoraussetzungen. Kognitionen, Einstellungen, Emotionen und Motive sind dabei Komponenten der psychischen Handlungsvoraussetzungen. „Motive und Einstellungen zur Berufstätigkeit, die soziale Handlungskompetenz, die pädagogische Qualifikation, die Berufserfahrungen, die psychovegetative Stabilität und die körperliche Leistungsfähigkeit"[48] sind hierbei von besonderer Bedeutung. Als kognitive und

---

47 Vgl.: Ebd., S. 12.
48 Abb.4: Rudow, Bernd: Arbeits- und Gesundheitsschutz im Lehrerberuf, S. 36.

emotionale Belastung äußert sich die subjektive Belastung. In der Phase der konkreten Tätigkeit werden nun die Handlungsvoraussetzungen der Lehrkraft gefordert. Danach tritt eine psychophysische Beanspruchung bei dieser auf. Die Reaktionen auf die psychophysische Belastung lassen sich in die Bereiche psychische Anspannung und somatische Veränderungen aufteilen. Welche Reaktion nach der psychophysischen Belastung eintritt, hängt von der Bewertung der objektiven Belastung und von der Qualität der Belastungsbewältigung ab. Weiter unterscheidet Rudow Beanspruchungsreaktionen und Beanspruchungsfolgen. Unter den Reaktionen versteht er zeitlich begrenzte, reversible psychophysische Phänomene und unter den Folgen überdauernde, chronische, bedingt reversible psychophysische Erscheinungen. Prinzipiell wird dabei auch zwischen positiven und negativen Beanspruchungsreaktionen und -folgen unterschieden. Positive äußern sich in Wohlbefinden und Herausforderungen bei den Lehrkräften. Aus den Negativen resultieren psychische Ermüdung, Beeinträchtigung der Leistungsfähigkeit und psychische Sättigung.

Zusammenfassend zeigt das Modell, dass objektive Belastungsfaktoren zu ermitteln sind (Arbeitszeit, Schülerzahl etc.), diese aber nicht auf die psychische Belastung einer Lehrkraft verallgemeinert werden können, da sie von jeder Persönlichkeit unterschiedlich aufgenommen werden. Also ist die Persönlichkeitsstruktur einer Lehrkraft ein weiteres Spektrum, das berücksichtigt werden muss. Somit kann man sagen, dass subjektive Belastungen zwar belastend wahrgenommen werden können, jedoch aufgrund geeigneter und subjektiver Bewältigungsstrategien nicht unbedingt zu negativen Beanspruchungsreaktionen führen.[49]

3.3 Das diagnostische Instrument AVEM (nach Schaarschmidt)

3.3.1 Das AVEM- Konzept

„Bei der Analyse beruflicher Belastung stürzen wir uns auf persönlichkeitsspezifische Stile der Auseinandersetzung mit den Arbeitsanforde-

---

49 Vgl.: Urbutt, Anne: Belastungen im Lehrerberuf, a.a.O., S. 13.

rungen, die sich in Form von Mustern arbeitsbezogenen Verhaltens und Erlebens darstellen lassen."[50] Dies geschieht mittels des diagnostischen Instruments AVEM von Uwe Schaarschmidt.

Das AVEM ist als ein ressourcenorientiertes Verfahren zu verstehen, welches nicht nach Belastungssymptomen wie körperlichen oder psychischen Beeinträchtigungen und Beschwerden fragt, sondern nach Gefühlen, erlebten Kompetenzen, Haltung und Einstellungen. Dabei wird die aktive Rolle des Menschen in seinem Verhältnis zu den beruflichen Anforderungen betont. Für das berufliche Befinden trägt nicht allein der Mensch mit dem Einbringen seiner persönlichen Ressourcen die alleinige Zuständigkeit, es kommen auch die äußeren Arbeitsbedingungen hinzu. Diese geben erst den Rahmen und die Voraussetzung für die Mobilisierung und Entfaltung der persönlichen Ressourcen. Das AVEM-Ergebnis zeigt also sowohl die persönlichen Voraussetzungen des Menschen als auch die Folgen der bisherigen Beanspruchung. Beides lässt sich nicht voneinander trennen.[51]

3.3.2 Die elf Dimensionen des AVEM

Beim Erstellen der Konstruktion des AVEM-Modells wurde ein breites Merkmalsspektrum berücksichtigt, die unter dem Gesundheitsaspekt die Befindlichkeit und Einstellung von Menschen in Bezug auf Arbeit und Beruf widerspiegelt. Diesen Überlegungen folgten elf Dimensionen, die ein faktorenanalytisches Verfahren sichert und zwischen arbeitsbezogenen Verhalten und Erleben unterscheidet. Folgend werden diese elf Dimensionen mit Beispielitems erläutert:

Bedeutsamkeit der Arbeit: Stellenwert der Arbeit im persönlichen Leben. Bsp.: Die Arbeit ist für mich der wichtigste Lebensinhalt.

Beruflicher Ehrgeiz: Streben nach Zielen und Weiterkommen im Beruf. Bsp.: Ich möchte weiter kommen, als es die meisten meiner Bekannten geschafft haben.

---

50 Schaarschmidt, Uwe/Kieschke, Ulf (Hrsg.): Gerüstet für den Schulalltag. Psychologische Unterstützungsangebote für Lehrerinnen und Lehrer. Beltz-Verlag. Weinheim und Basel 2007, S. 18.
51 Vgl.: Ebd., S. 20.

Verausgabungsbereitschaft: Bereitschaft, die persönliche Kraft für die Erfüllung der Arbeitsaufgabe einzuschätzen. Bsp.: Wenn es sein muss, arbeite ich bis zur Erschöpfung.
Perfektionsstreben: Anspruch bezüglich Güte und Zuverlässigkeit der eigenen Arbeitsleistung. Bsp.: Was immer ich tue, es muss perfekt sein.
Distanzierungsfähigkeit: Fähigkeit zur psychischen Erholung von der Arbeit. Bsp.: Nach der Arbeit kann ich ohne Probleme abschalten.
Resignationstendenzen: Neigung, sich mit Misserfolg abzufinden und leicht abzugeben. Bsp.: Wenn ich keinen Erfolg habe, resigniere ich schnell.
Offensive Problembewältigung: aktive und optimistische Haltung gegenüber Herausforderungen und auftretenden Problemen. Bsp.: Für mich sind Schwierigkeiten dazu da, dass ich sie überwinde.
Innere Ruhe und Ausgeglichenheit: Erleben psychischer Stabilität und inneren Gleichgewichts. Bsp.: Mich bringt so leicht nichts aus der Ruhe.
Erfolgserleben im Beruf: Zufriedenheit mit dem beruflich Erreichten. Bsp.: Mein bisheriges Berufsleben war recht erfolgreich.
Lebenszufriedenheit: Zufriedenheit mit der gesamten, auch über die Arbeit hinausgehenden Lebenssituation. Bsp.: Im Großen und Ganzen bin ich glücklich und zufrieden.
Erleben sozialer Unterstützung: Vertrauen in die Unterstützung durch nahestehende Menschen, Gefühl der sozialen Geborgenheit. Bsp.: Wenn ich mal Rat und Hilfe brauche, ist immer jemand da.

Diese elf Dimensionen lassen sich durch eine weitere faktorenanalytische Strukturierung in drei umfassende inhaltliche Bereiche zuordnen. Diese sind das berufliche Engagement, die erlebte Widerstandskraft gegenüber Belastungen und die Emotionen, die die Ausübung der Tätigkeit begleiten. Jedem Bereich kommen eigenständige Bedeutungen zu. So sind dem Bereich „Arbeitsmanagement" die Dimensionen „Bedeutsamkeit der Arbeit", „Beruflicher Ehrgeiz", „Verausgabungsbereitschaft", „Perfektionsstreben" und „Distanzierungsfähigkeit" zugeordnet. Im zweiten Bereich, der „Widerstandskraft", ist ebenso die Dimension „Distanzierungsfähigkeit" beinhaltet, sowie im Weiteren die „Resignationstendenz", „Offensive Problembewältigung" und „Innere Ruhe und Ausgeglichenheit". Der dritte Bereich „Emotionen" repräsentiert die Dimensionen „Erfolgserlebnis im Beruf", „Lebenszufriedenheit" und „Erleben sozialer Unterstützung". Diese Merkmale kennzeichnen den stabilen Hintergrund, vor dem sich die Auseinandersetzung mit der Arbeitsanforderung vollzieht, kommt sowohl in ihnen auch in unmittelbarer Weise der Gesundheitsaspekt zum Ausdruck.[52]

3.3.3 Die verschiedenen Muster des AVEM

Das AVEM beinhaltet vier Muster arbeitsbezogenen Verhaltens und Erlebens. Die erzielten Ergebnisse des AVEM lassen sich nun auf der Ebene der Merkmale sowie in der Form der wahrscheinlichen Zugehörigkeit zu diesen vier Mustern ausdrücken. Für jede Person kann grundlegend im Weiteren der Grad der Passung zwischen dem Individualprofil und den vier Referenzprofilen bestimmt werden. Es folgt die Musterzuordnung. In der Mehrzahl der Fälle ergeben sich keine direkten Musterzuordnungen, also keine prototypischen Musterzugehörigkeiten, sondern eher Musterkombinationen. Demzufolge findet meist eine tendenzielle Zuweisung statt, die die Personen mit ihren möglichen Entwicklungen berücksichtigt. Im folgenden Bild wird das Zusammenspiel von Dimensionen und resultierenden Mustern verdeutlicht.

---

52 Vgl.: Ebd., S. 19.

3.3 Das diagnostische Instrument AVEM (nach Schaarschmidt)

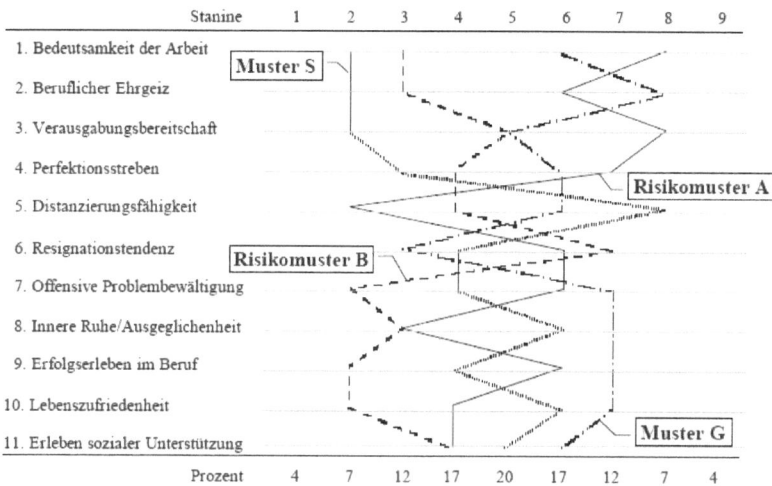

Abbildung 4: Unterscheidung nach vier Bewältigungsmustern[53]

Die vier Muster (Bewältigungsmuster) werden von Schaarschmidt wie folgt beschrieben:

Muster G: Dieses Muster steht für ein gesundheitsförderliches Verhältnis zum Arbeiten. Es handelt sich dabei also um ein wünschenswertes Muster arbeitsbezogenen Verhaltens und Erlebens. Dieses Muster beinhaltet deutlich ausgeprägte Merkmale eines gesunden, nicht exzessiven Arbeitsmanagements. Der Ehrgeiz tritt hervor, ist jedoch nicht im extremen Verausgabungsbereich angelangt. Das Perfektionsstreben liegt im mittleren bis leicht erhöhten Bereich. Trotz des hohen Engagements erhält die Person in diesem Muster die Distanzfähigkeit und ist zudem mit der nötigen Widerstandskraft gegenüber Belastungen ausgestattet. Für Lehrkräfte stellt dieses Muster die günstigsten Voraussetzungen dar, um überzeugend ihr pädagogisches Wissen und Können wirksam umzusetzen.

Muster S: Die Musterbezeichnung S soll auf die Schonung hinweisen, die das Muster in diesem Fall in Bezug auf das Verhältnis zur Arbeit charakterisiert. Das Muster beinhaltet die geringste Ausprägung an subjektivem und beruflichen Ehrgeiz, sowie Verausgabungsbereit-

---

53 Abb. 5: Ebd., S. 21.

schaft und Perfektionsstreben. Hier ist die stärkste Distanzierungsfähigkeit aller Muster zu erkennen. Hervorzuheben ist, dass die innere Ruhe und Ausgeglichenheit stark ausgeprägt sind. Schließlich ist zu erkennen, dass ein positives Lebensgefühl vorherrscht. Im Lehrerberuf könnte dieses Muster als ein ernsthaftes Hindernis auftreten, da für das erfolgreiche pädagogische Arbeiten ein verstärktes eigenaktives und engagiertes Handeln notwendig ist.

Risikomuster A: In diesem Muster steht das überhöhte Engagement im Vordergrund. Im Vergleich zu den anderen Mustertypen liegt hier die stärkste Ausprägung in der Bedeutsamkeit der Arbeit, der Verausgabungsbereitschaft und dem Perfektionsstreben vor. Die Distanzierungsfähigkeit zum Beruf ist dabei sehr niedrig. Es fällt der Lehrkraft in diesem Muster sehr schwer, Abstand zu Arbeit und Problemen zu gewinnen. Hervorzuheben sind die hohen Werte in der Resignation und die geringe Ausprägung an innerer Ruhe und Ausgeglichenheit. Daraus resultieren eher negative Emotionen. Lehrkräfte dieses Typs sind meist gekennzeichnet durch eine hohe Einsatzbereitschaft. Heute wird meist der Begriff des „workaholic" genannt. Doch auf Dauer reicht die Kraft der Lehrkraft nicht aus. Die Belastungen werden immer größer und ihnen ist mit der Zeit nicht mehr standzuhalten. Meist ist mit einem Übergang in das Risikomuster B zu rechnen, welches zum Burnout-Prozess führt.

Risikomuster B: Zweifellos ist dies das problematischste Muster des AVEM. Das Muster beinhaltet ein permanentes Überforderungserleben, Motivationseinschränkungen, Resignation und Erschöpfung. Beruflicher Ehrgeiz, Widerstandsfähigkeit gegenüber Belastungen, Bedeutsamkeit der Arbeit und das Arbeitsengagement sind nur schwach ausgeprägt. Solche Erscheinungen zählen zum Kern des Burnout-Syndroms in den letzten Stadien. Dennoch kann nicht in allen Fällen von Burnout gesprochen bzw. dieses Muster damit gleichgesetzt werden. Die Lehrkraft kann unter diesen Umständen keine gute Lehrkraft sein. Alle Kräfte und Tätigkeiten, die die betroffene Lehrkraft aufbringt, werden dazu verwenden, irgendwie „über die Runden" zu kommen.[54]

---

54 Vgl.: Ebd., S. 22f.

3.3 Das diagnostische Instrument AVEM (nach Schaarschmidt)

	Muster G – hohes berufliches Engagement, ausgeprägte Widerstandsfähigkeit gegenüber Belastungen, positives Lebensgefühl (»Gesundheitsideal«)
	Muster S – ausgeprägte Schonungstendenz gegenüber beruflichen Anforderungen
	Risikomuster A – überhöhtes Engagement (Selbstüberforderung), das keine gleichermaßen hohe Entsprechung im Lebensgefühl findet; verminderte Widerstandsfähigkeit gegenüber Belastungen
	Risikomuster B – reduziertes Arbeitsengagement, das mit verminderter Belastbarkeit und negativem Lebensgefühl einhergeht

Abbildung 5: Kurzbeschreibung der AVEM-Profile[55]

Weitere Untersuchungen haben bewiesen, dass die Gesundheitsrelevanz der Musterunterscheidung eine enorme Rolle einnimmt. Zudem ist zu ergänzen, dass die Musterzuordnungen in Bezug auf psychisches oder physisches Befinden, Erholungsfähigkeit, Krankentage etc. sich deutlich voneinander abheben. Muster G zeigt anliegend die gesundheitsförderlichen Werte, die Risikomuster schlechte Werte. Die Risikomuster weisen dieselben körperlich-funktionellen Beeinträchtigungen auf, wie zum Beispiel Kopfschmerzen, Herz-Kreislauf-Beschwerden, Nacken- und Rückenschmerzen, Beeinträchtigung des Verdauungssystems. Wobei das Risikomuster B bei den psychischen Belastungen, zum Beispiel Erniedrigung des Selbstwertgefühls, Erschöpfung, Leistungsinsuffizienzerleben, ausgeprägter ist. Die Musterbestimmung ist

---
55 Abb.6: Ebd., S. 23.

dafür ein geeignetes Raster, um die Beanspruchung für Gruppen und Individuen zu verdeutlichen. Dabei wird auch ein Veränderungsbedarf aufgezeigt. Um spezielle Akzentuierungen bei der Untersuchung auszumachen, können die einzelnen elf Dimensionen herangezogen werden.[56]

3.4 Anforderungen und Belastungsfaktoren: Übersicht

Der Beruf einer Lehrkraft ist allen Menschen in Deutschland aus der eigenen Schulzeit bekannt. Die Tätigkeit der Lehrkräfte lässt sich in zwei Arten von „Arbeitsplätzen" einteilen. Zum einen gibt es den schulischen Arbeitsplatz, der von der Öffentlichkeit wahrgenommen wird, zum anderen den häuslichen Arbeitsplatz, der von Vor- und Nachbereitung, Korrekturen von Schülerarbeiten, Organisations- und Verwaltungsaufgaben und Elternarbeit geprägt ist. Im Gegensatz zum letztgenannten, bei dem die Lehrkraft selbstverantwortlich arbeiten kann, herrschen am schulischen Arbeitsplatz sehr klar definierte und organisierte Abläufe und Regeln.

Durch die hohen Erwartungen und Ansprüche der Lehrkräfte sind durch die Kultusministerkonferenz (KMK 2010) klare Aufgabenbeschreibungen definiert worden. Nach der KMK gehören zu den Aufgaben des Lehrers das Unterrichten, Erziehen, Beurteilen, Beraten, Weiterentwickeln der eigenen Kompetenzen und die Weiterentwicklung der eigenen Schulorganisation. Zu den Erwartungsträgern der Lehrkraft werden die Vorgesetzten, die Schüler, die Eltern, die Öffentlichkeit und die Kollegen gezählt.[57]

Die daraus resultierenden Anforderungen, Mehrfachbelastungen des Lehrerberufs und die mögliche Selbstüberforderung der Lehrerperson können eine Ursache für das Burnout-Syndrom darstellen. Bei einer Befragung von Ausbildungslehrern und Mentoren über schulische Ursachen für das Burnout-Syndrom wurden die neun Bereiche Problemschüler, Schulaufsicht, Rahmenbedingungen, Persönliches,

---

56 Vgl.: Ebd., S. 24.
57 Vgl.: Hedderich, Ingeborg: Schulische Belastungssituationen, a.a.O., S. 7f.

Kollegen, Eltern, Schulleitung, Berufsimage und Qualifikationen angegeben.[58]

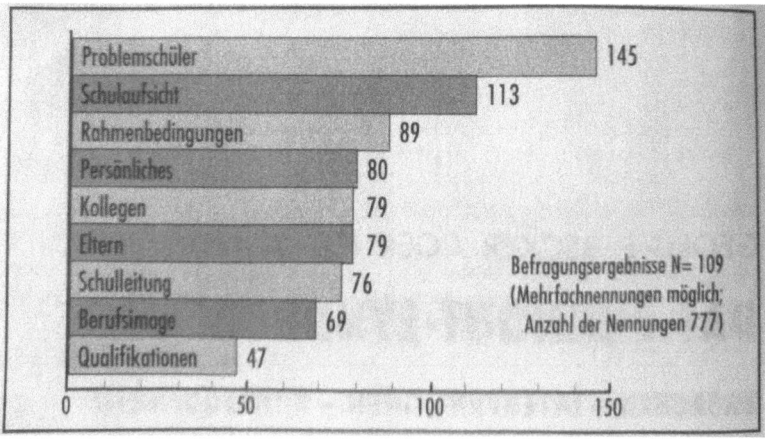

Abbildung 6: Ursachen für das Burnout-Syndrom[59]

In der Literatur gibt es etliche Ursachen für Burnout-Erkrankungen im Lehrerberuf. Allerdings ist keine Einheitlichkeit in allen Werken zu erkennen. Die Anforderungen und Belastungen im Lehrerberuf und somit auch mögliche Quellen und Ursachen für das Burnout-Syndrom werden, in Anlehnung an Rudow, durch die Belastungsfaktoren der Lehrerarbeit kategorisiert. Die nachfolgende Tabelle veranschaulicht die Belastungsfaktoren und -bereiche.

---

58 Vgl.: Becker E. Georg/Gonschorek, Gernot: Kultusminister schicken 55.000 Lehrer vorzeitig in Pension. Konsequenzen aus dem Heidelberger Burnout-Test. in: Gudjons, Herbert (Hrsg.): Entlastung im Lehrerberuf. Bergmann und Helbig Verlag. Hamburg 1993, S. 70.
59 Abb.7: Ebd.

Arbeitsaufgaben/ Schulorganisatorische Bedingungen	Arbeitsumwelt-bedingungen	Soziale Bedingungen	Kulturelle Bedingungen
Arbeitsaufgaben Arbeitszeit/ Pausenzeit Unterrichtsfach Lehrplan Klassenfrequenz Klassenrekrutierung Stundenplan Raumplan/-wechsel Schultyp/-größe Lehrerfunktionen Unterrichtsmethode Lehr-/Lernmittel Prüfungen Weiterbildung Physische Belastung Sprechbelastung	Lärm Mikroklima Luftbeschaffenheit Beleuchtung Klassenraum Bildschirmarbeit Unterrichtsfach- spezifische Faktoren Pausen/-Entspannungsraum Schulgebäude Schulausstattung Sanitärräume Schulstandorte Infektionsgefahr	Schüler Kollegen/ Personalrat Eltern/-beirat Schulbehörde Betriebe Sozialarbeiter/-pädagogen Externe Fachkräfte Schulsekretärin Hausmeister	Schulkultur/-klima Gesellschaftliche Erwartungen Medien Berufsstatus/ Berufsimage/-anerkennung Gehalt Schulreformen/-innovation Schulimage

Die Tabelle verdeutlicht, dass die sozialen und kulturellen Bedingungen des Lehrerhandelns im Mittelpunkt stehen und dass man die einzelnen Anforderungen und Belastungsfaktoren in materiell-physische, organisatorische, soziale und kulturelle Bedingungen untergliedern kann. Überlappungen der einzelnen Faktoren und Bereiche sind grundsätzlich möglich.[60]

In den folgenden Punkten werden einige der oben genannten Faktoren in ausgewählte Belastungskategorien miteinbezogen. Diese Punkte werden nach ihrer Wichtigkeit und Wertigkeit auf mögliche Entstehung von Burnout fallend abgehandelt und erläutert. Zu diesen Faktoren gehören, in Anlehnung an Schönwälder, die psychische und physische Belastung, die Arbeitszeitbelastung, die schülerbezogene Belastung, die Belastung seitens der Eltern, die Belastung auf der Organisationsebene, die Belastung auf der schulorganisatorischen Ebene und die Lärmbelästigung.

---

60 Vgl.: Schumacher, Lutz: Gesundheit und Professionalität von Lehrkräften. In: Kiebisch, Udo W./Meloefski, Roland (Hrsg.): Lehrergesundheit. Anregungen für die Praxis. Schneider Verlag. Baltmannsweiler 2009, S. 23.

3.5 Individuelle und psychische Belastungen

Alle im Punkt 3.4 erwähnten Belastungen und Beanspruchungen können auf die Psyche einer Lehrkraft negative Auswirkungen haben. Meist sind allerdings private und persönliche Gründe für eine psychische Belastung ausschlaggebend. Diese sind zwar nicht direkt berufsgruppenspezifisch auf den Lehrerberuf zurückzuführen, können allerdings enorme Auswirkungen auf diesen haben. Schicksalsschläge, Krankheiten, Probleme mit dem Partner, Eheprobleme oder Familienprobleme, die Pflege einer Person und/oder deren Tod sind für psychische Erkrankungen oft die Ursache. Gerade der Tod eines Familienmitgliedes wie der des Partners oder sogar des eigenen Kindes wirken sich hierbei enorm aus. Darauffolgen wirtschaftliche oder finanzielle Schwierigkeiten. Die Problematik des Alterns der Lehrkraft begünstigt die nachlassende Spannkraft und Einflussnahme auf die Schülerinnen und Schüler. Das Gefühl, zu wenig getan zu haben und noch mehr geben zu müssen, ist ein weiteres belastendes Kriterium für eine psychische Belastung. Verantwortungsbewusste Lehrkräfte stehen somit permanent durch ihre Aufgabenfülle und deren Qualität im Dauerstress. Die Sorge um eine unvollkommene Arbeit wird größer. Die Diskrepanz zwischen Berufsideal und Berufswirklichkeit reduziert sich zunehmend. Schließlich schwindet das hohe Niveau des Unterrichts.[61]

Die Forschung von Schönwälder in der Schriftreihe der Bundesanstalt für Arbeitsschutz und Arbeitsmedizin kam zu folgenden Ergebnissen betreffend psychischer Belastungen im Lehrerberuf: Lehrkräfte aller Schularten empfinden die Beurteilung durch Lernentwicklungsberichte, das Zeugnis geben sowie Unterricht, Schulveranstaltungen oder das Durchführen von Klassenfahrten als besonders belastend. Als eher mittelbelastend werden Planung und Vorbereitung von Projekten und Schulveranstaltungen sowie Elternabende empfunden. Fort- und Weiterbildungen, Zusammenarbeit mit Kolleginnen und Kollegen und auch das Korrigieren von Schülerarbeiten werden als weniger bzw. kaum belastend bezeichnet.[62] Gerade aus diesen Forschungsergebnis-

---

61 Vgl.: Becker E. Georg/Gonschorek, Gernot, a.a.O., S. 72f.
62 Vgl.: Schönwälder, Hans-Günther (Hrsg.): Belastung und Beanspruchung von Lehrerinnen und Lehrern. Schriftreihe der Bundesanstalt für Arbeitsschutz und Arbeitsmedizin. Berlin 2003, S. 14.

sen ist herauszulesen, dass es den Lehrkräften bedeutend schwer fällt, eine schriftliche Fixierung von Schülerbeurteilungen und Leistungsbewertungen zu verfassen. Die dabei aufkommenden emotionalen Belastungsgefühle wirken sich auf weitere Lehrertätigkeiten aus, was den psychischen Druck nicht mindert.

Folgend zeigt eine weitere Studie von Kramis-Aebischer anhand der Befragung von 152 Lehrkräften deren Berufsbelastungen auf individueller und psychischer Ebene : [63]

Mich belastet...
...dass ich in einer Berufskrise stecke.
...dass ich eher mit mir als mit dem Unterricht beschäftigt bin.
...dass ich mich ärgerlich fühle.
...dass ich nervös und unruhig bin.
...dass ich entmutigt bin.
...dass ich mich unsicher fühle.
...und verletzt, fundierte Kritik zu akzeptieren.
...die Frage, ob ich genügend Sachwissen besitze.
...die Frage, ob ich meinen Aufgaben gewachsen bin.
...dass ich an meinen Fähigkeiten zweifle.

3.6 Physische und psychosomatische Belastungen

Die Lehrertätigkeit bringt auch physische und psychosomatische Belastungen mit sich. Das täglich lange Stehen des Lehrers kann z.B. Muskel- und Gelenkbeschwerden oder Nackenverspannungen hervorrufen. Ebenso kommt eine meist ungesunde Sitzhaltung hinzu, die Schäden an Wirbelsäule und Bandscheiben nach sich ziehen kann. Neben den allgemeinen Muskel- und Gelenkschmerzen sind auch weitere Organe des Körpers betroffen. Da die Stimme eines Lehrers das persönliche Ausdrucksmittel und somit das wichtigste Instrument im Klassenraum darstellt, ist der Beruf des Lehrers ein sehr stimm- und

---

63 Vgl.: Urbutt, Anne: Belastungen im Lehrerberuf, a.a.O., S. 21.

sprechintensiver Beruf. Durch Lärmbelästigung kann die Stimme erheblich belastet werden. Die Folgen sind Heiserkeit, temporärer Stimmverlust bis zu ernsthaften Stimmstörungen oder Kehlkopfentzündung. Die Häufigkeit einer Stimmerkrankung im Lehrerberuf liegt bei ca. 11%.[64]

Neben den psychischen und physischen Belastungen treten im Lehrerberuf immer häufiger psychosomatische Beschwerden auf. „Psychosomatische Beschwerden sind unangenehme Körperempfindungen, die man mit den gegenwärtigen Mitteln der Medizin nicht genauer diagnostizieren kann und von denen man annimmt, dass seelische, soziale, mentale oder andere Probleme sich in Schmerzen verwandeln, um Menschen zu veranlassen, sich mit den zugrundeliegenden Ursachen zu beschäftigen."[65] Diese Beschwerden fordern eine Problemlösung, um bleibende Schäden zu vermeiden.

Die hier nur wenigen genannten physischen und psychosomatischen Beschwerden und Erkrankungen sind häufig der Grund für einen Arztbesuch. Für spezielle Beschwerden, sollten die gegebenen Hilfsangebote durch Psychiater oder Psychotherapeut wahrgenommen werden. Dies ist auch richtig. Jedoch ist es nie falsch, mögliche seelische Ursachen selbst in Betracht zu ziehen um den gegenwärtigen Lebensstil positiv zu verändern.[66]

3.7 Arbeitszeitbelastungen

Wenn man Lehrkräfte fragt, wie viele Stunden sie in der Woche arbeiten, werden meist nur die Unterrichtsstunden genannt. Doch, wie auch aus den vorherigen Punkten zu entnehmen ist, haben sie mehr als nur den Unterricht abzuleisten. Unterricht vorbereiten, Materialien bereitstellen, korrigieren, Berichte und Zeugnisse schreiben, Schülerleistungen bewerten etc. kommen zu dieser Arbeitszeit hinzu. Daneben noch Tätigkeiten wie Leistungs- und Verwaltungsaufgaben, Konferenzen

---

64 Vgl.: Bründel, Heidrun/Bründel, Klaus-Heinrich: Fit für den Schulalltag. Psychosoziale Grundkompetenzen im Lehrerberuf. Carl Link Verlag. Köln 2010, S. 54f.
65 Hammer, Wolfgang/Vogt, Peter: Gesund im Lehrerberuf. Vermeidung und Bewältigung von Burn-out. Schneider Verlag. Baltmannsweiler 2009, S. 18f.
66 Vgl.: Ebd., S. 19.

und Beratung der Schüler und Eltern. Nur 40% der Arbeitszeit einer Lehrkraft geht somit auf die Unterrichtszeit zurück.

Je nach Schulform ist jede Form der Arbeitszeitbelastung unterschiedlich. Die folgende Tabelle[67] gibt eine Übersicht über die jährlich abgeleisteten Arbeitsstunden einer Lehrkraft:

Bereich	1	2	3	4	5	6	7
Unterricht	39	39	39	32	31	36	37
Unterrichtsbezogene Aufgaben	27	30	32	37	32	33	29
Außerunterrichtliche Aufgaben	18	16	16	16	22	15	19
Entwicklungs- und Koordinierungsaufgaben	1	1	1	1	2	2	1
Verwaltungs- und Führungsaufgaben	9	6	6	5	6	6	8
Lehreraus-, Fort- und Weiterbildungen	1	0	0	2	1	1	1
Eig. Fort- u. Weiterbildung	5	8	6	8	7	7	5
Jahresarbeitszeit in Stunden	1750	1791	1769	1900	1976	1839	1828

(1= Grundschule; 2= Hauptschule; 3= Realschule; 4= Gymnasium; 5= Integrierte Gesamtschule; 6= Berufsbildende Schulen; 7= Sonderschulen)

Aus der Tabelle ist sehr deutlich herauszulesen, dass die Spannbreite der geleisteten Jahresarbeitszeit je nach Schulform unterschiedlich groß ist. Dazu kommen noch unterschiedliche Arbeitszeiten, die von Fachunterricht und Klassenstufe abhängig sind. Im Schulalltag gibt es immer wieder Pausen, die für die Lehrkraft meistens keinen Erholungswert haben und keine Entspannungsfunktion darstellen. In den Pausen werden fast immer Sachen erledigt, die einen reibungslosen Unterrichtsablauf, wie z.B. Kopieren, Absprachen mit Kollegen treffen, Telefonate führen etc. sichern sollen. Deshalb lastet auf den Schultern der Lehrkräfte ein hoher Zeitdruck. Wie bei anderen Arbeitnehmern auch, unterliegt der Arbeitstag Tagesschwankungen, bei de-

---

67 Bründel, Heidrun/ Bründel, Klaus-Heinrich: Fit für den Schulalltag, a.a.O., S. 45.

nen sich negative Emotionen steigern und das Energiedefizit vergrößert. Schaarschmidt (2005) stellte fest, dass die Arbeitszeit der Lehrkräfte, die in Teilzeit an der Schule tätig sind (meist Lehrerinnen, im Interesse der eigenen Familie), sich nicht wesentlich von der eines Vollzeitarbeitenden unterscheidet. Etwa 30% der Lehrerinnen und Lehrer arbeiten mit einem reduzierten Stundendeputat, fühlen sich jedoch trotzdem nicht weniger belastet. Die außerschulischen Verpflichtungen wie Konferenzen und Sprechtage sind immer noch vorhanden und allgegenwärtig. Neue Arbeitszeitmodelle, wie sie u.a. von Schaarschmidth, Kieschke und Heitzmann vorgeschlagen werden, berücksichtigen Erholungsmöglichkeiten für Lehrkräfte im Schulalltag. Eine wünschenswerte Zukunftsvision ist, Arbeitsräume in Schulen zur Verfügung zu stellen und realitätsnahe Arbeitszeitregelungen einzuführen.[68]

Schließlich haben empirische Befunde herausgefunden, dass deutsche Lehrkräfte im Durchschnitt länger arbeiten, als sie es sich selbst zugetraut und erwartet haben. Im europäischen Vergleich liegen die deutschen Lehrer bei der unmittelbaren Arbeit mit den Schülern hinter Schottland und Estland an dritter Stelle. Somit haben die Lehrerinnen und Lehrer hierzulande mit das höchste Arbeitspensum europaweit. Das allgemeine Zeitproblem veranlasste eine Stichprobe, bei der über 63% der Probanden angaben, zu wenig Zeit zu haben. Diese Datenlage deutet auf eine hohe und stets steigende quantitative Belastung bundesdeutscher Lehrkräfte hin.[69]

3.8 Schülerbezogene Belastungen

Die Ausübung von Gewalt gehört zu den meistgenannten schülerbezogenen Belastungen im Lehrerberuf. Dazu gehören unterschiedliche Ausprägungen von Gewalt wie physische, psychische, sexuelle, geschlechterfeindliche oder fremdenfeindliche Gewalt. Die Gewalt an Schulen wird nicht nur individuell ausgeübt, sondern kann auch im

---

68 Vgl.: Ebd., S. 45f.
69 Vgl.: Stiller, Michael: Belastungen, Ressourcen und Beanspruchungen bei Lehrkräften. Verlag Julius Klinkhardt. Bad Heilbrunn 2015, S. 74.

Kollektiv stattfinden. Nicht selten sind auch Lehrkräfte davon betroffen. Die Schule und das ganze Bildungssystem selbst stehen unter einer „Ordnungsgewalt" in ihrem institutionellen Rahmen. Diese Ordnungsgewalt wird durch Ministerium, Regierungsbezirke, Schulamt, Schulleitung, Lehrer und Schüler legitimiert. Diese werden in Erlassen, Verordnungen, Verfügungen, Versetzungen, Zeugnissen und Notengebung sichtbar.[70]

Die Schule selbst kann durch die unterschiedliche Herkunft und Religionszugehörigkeiten der Schüler und deren Einteilung in Klassen als „Forum für Gewaltausübung" gesehen werden. Viele Schüler verbinden mit Schule negative Emotionen. Sie rebellieren gegen den Zwang, dort sein zu müssen, erleben Misserfolge durch schlechte Leistungen, sehen keinen Sinn in den eigenen Anstrengungen, fühlen sich stigmatisiert und sehen sich abgedrängt von der Leistungsgesellschaft. Durch auftretende Zukunftsängste verstärkt sich ihre antisoziale Haltung. Rivalitäten und Aversionen zwischen den Schülern werden meist in Form von Schlägereien ausgetragen. Die Lehrkräfte, vor allem weibliche Lehrkräfte bei älteren und größeren Schülern, stehen dem oft nur hilflos gegenüber. Deeskalationstechniken sind bei den Lehrerinnen und Lehrern meist nicht ausgeprägt vorhanden. Die aus Untersuchungen der Bezirksregierung Münster und der Landesunfallkasse Nordrhein-Westfalen (2005) festgestellten Ergebnisse ergeben, dass die Gewalt unter Schülerinnen und Schülern ausgeht. Die Gewalt gegen Lehrkräfte wird meist schamlos verschwiegen. Die Gewalt gegen Lehrer, meist sind Lehrerinnen betroffen, kommt in einer physischer, psychischer, sexistischer Form hervor. Beleidigungen, Belästigungen und Ehrverletzungen sind dabei keine Seltenheit mehr. Ein geeignetes Beispiel hierfür ist der Fall der Rütli-Schule in Berlin, bei der sich die Lehrerschaft verzweifelt an die Öffentlichkeit gewendet hatte und eine Kapitulationserklärung hervorging. Heute ist die berüchtigte Schule der „Campus Rütli" und wird durch zahlreiche finanzielle Hilfen unterstützt.[71]

---

70 Vgl.: Bründel, Heidrun/Bründel, Klaus-Heinrich: Fit für den Schulalltag, a.a.O., S. 41.
71 Vgl.: Tagesspiegel- Online: URL: http://www.tagesspiegel.de/berlin/schulen-in-sozi alen-brennpunkten-was-hat-berlin-aus-dem-ruetli-brandbrief-gelernt/13309852.h tml (entnommen am 17.05.2017).

Eine relativ neue Gewaltform kam durch die neuen Medien. So ist Cyber-Mobbing für viele Lehrkräfte sehr belastend, da es anonym abläuft. Bilder, Videos oder Gerüchte landen somit schnell auf Internetplattformen wie YouTube oder Facebook. Eine Verbreitung ist kaum mehr zu verhindern. Ebenso war es bis dahin für die Lehrkräfte absolut ungewohnt, Schülerurteilen ausgesetzt zu sein. So können z.B. auf der Plattform „Spick-mich.de" Schüler mit Noten ihre Lehrer bewerten. Dies kann einerseits zu mehr Stress, andererseits auch zu einem Umdenken der Lehrer führen.

Unterrichtsstörungen kann man ebenso zur Gewaltskala hinzuzählen, auch wenn sie nur am unteren Ende dieser stehen. Laut Winkel (2005) liegt eine Unterrichtsstörung dann vor, „wenn der Unterricht gestört ist, d.h. wenn das Lehren und Lernen stockt, aufhört, pervertiert, unerträglich oder inhuman wird."[72] Für Lehrkräfte können die Unterrichtsstörungen zu sehr großen Belastungen führen. Das Stören geschieht in Form von Zwischenrufen, Albernheiten, störenden Geräusche, abfälligen Bemerkungen oder demonstrativen Mitarbeitsverweigerungen. Alle diese Formen machen einen guten Unterricht unmöglich, da die Lehrer ständig unterbrechen und zurechtweisen müssen. Oft führt das zu Schreien, ironischen, zynischen oder sarkastischen Bemerkungen des Lehrers. Langfristig fühlt sich der betroffene Lehrer unzufrieden und ausgelaugt, welches zu Traumatisierungen führen kann. Laut Hiller (2004) trägt dieser Stress zum Burnout-Syndrom mit psychosomatischen Beschwerden bei.[73]

3.9 Belastungen seitens der Eltern

Für Lehrkräfte werden diejenigen Eltern als störend und belastend empfunden, die an ihre Kinder erhöhte Leistungserwartungen richten und von den Lehrkräften eine Erfüllung von direkten Wünschen fordern. Meist sind es die Eltern, die die Grundschule nur als Durchgangsstation zum Gymnasium, Abitur und Studium sehen. Als belas-

---

72 Unterrichtsstörungen.de: URL: http://www.unterrichtsstoerungen.de/html/definitionen.html (entnommen am 17.05.2017).
73 Vgl.: Bründel, Heidrun/Bründel, Klaus-Heinrich: Fit für den Schulalltag, a.a.O., S. 43f.

tend werden auch die Eltern empfunden, die den Kontakt zur Schule zu stark pflegen und sich ständig in Aktivitäten und Entscheidungen der Lehrkraft mit einbringen. Andererseits gibt es auch die Eltern, die die Erziehung ihrer Kinder und Jugendlichen voll auf die Schule und die Lehrer abwälzen. Für kommende Erziehungsschwierigkeiten und schulisches Versagen werden danach die Schule und deren Lehrkräfte zur verantwortlich gemacht. Weiter gibt es einige Eltern, die sich von der Schule und ihren Kindern in dieser Institution fernhalten. Diese haben weder Kontakt mit den Lehrern noch besuchen sie Elternabende. Eine lehrer- und schulfeindliche Einstellung kann hierbei als Beispiel herangezogen werden.[74]

3.10 Belastungen auf Organisationsebene

Mehrere Studien, unter anderem von Becker und Gonschorek, sowie auch die von Terhart, Kramis-Aebischer und Rudow bestätigen, dass ein erheblicher Teil von Lehrkräften Probleme mit den Kollegen, der Schulleitung oder der Schulaufsichtsbehörde als belastend empfinden und diese eine mögliche Ursache für das Burnout-Syndrom darstellen. So zeigt die Studie von Becker und Gonschorek, dass die Schulaufsicht unter allen Belastungsfaktoren den zweiten Rang, die Kollegen den fünften Rang und die Schulleitung den siebten Rang einnehmen. Gesetze, Erlasse und Verordnungen hinsichtlich der Schulaufsicht, die Bevormundung, die Abhängigkeit erzeugt, belasten die Lehrkräfte enorm. Mangelnde Anerkennung oder sogar Ängste von Vorgesetzten, Probleme mit Kollegen durch mangelnde Offenheit und schlechter Austausch über fachliche, methodische oder organisatorische Fragen führen zu der Verschlechterung des Gruppenklimas. Hinsichtlich der Schulleitung werden Probleme durch kleinliches, ungerechtes, überbetontes und bürokratisches Verhalten genannt. Die Ergebnisse von anderen Autoren und anderer Literatur bestätigen dies.[75]

Auch bei Rudow berichten über 49% der 44 befragten Lehrerinnen und Lehrer über Schwierigkeiten im Umgang mit der Schulleitung,

---

74 Vgl.: Gudjons, Herbert (Hrsg.): Entlastung im Lehrerberuf, a.a.O., S. 74.
75 Vgl.: Urbutt, Anne: Belastungen im Lehrerberuf, a.a.O., S. 17.

den Kollegen und der Schulaufsicht. Bei ihm werden auch die Angst vor dem Schulleiter und die Rivalitäten im Kollegium hervorgehoben. Als belastend werden auch unterschiedliche pädagogische Wertvorstellungen zu Bildungs- und Erziehungszielen gesehen. Durch die oben dargestellten Probleme berichten Lehrkräfte immer wieder von der dadurch entstehenden „Einzelkämpfer-Situation", die eine Kooperationsbeziehung untereinander deutlich erschwert. Im Vergleich zu anderen Berufen ist diese Kooperationsbeziehung innerhalb des Kollegiums bei dem Beruf des Lehrers nicht geregelt. Lehrpersonen haben durch ihre relative Autonomie eine Eigendynamik, die nur schwer das Denken und Handeln verändern lässt.

Es bleibt noch anzumerken, dass es sich bei den in Studien aufgezeigten Belastungsfaktoren rein um subjektive Belastungen der Lehrkräfte handelt. Es wird oft nicht deutlich, von welchen Personengruppen die Organisationsebene als belastend empfunden wird. So wird das Gefühl des „Alleingelassenseins" als Belastung aller Kollegen verspürt, unabhängig von Alter und Schulform. Vor allem Grundschullehrer und Gymnasiallehrer belastet die Schulaufsicht, wobei unter Bürokratie und juristischen Hemmnissen vor allem die 40-45jährigen Lehrer leiden. Also kann man schlussendlich sagen, dass es bei Belastungen auf Organisationsebene immer auch auf den Leitungsstil des Direktors, die Arbeitsatmosphäre an der Schule, die Einstellungen der einzelnen Lehrer zum Kollegium und den jeweiligen Krankenstand ankommt.[76]

3.11 Belastungen auf der schulorganisatorischen Ebene

Auf der schulorganisatorischen Ebene steht vor allem die Arbeitszeit der Lehrkräfte im Vordergrund. Die Arbeitszeit im Unterricht wird auf ca. 50% ihrer gesamten Arbeitszeit geschätzt. Die oben genannten zusätzlichen Tätigkeiten eines Lehrers stellen die anderen 50% dar. Gerade diese weiteren Aufgaben neben dem Unterrichten können für viele Lehrkräfte eine Überforderung und Lustlosigkeit auslösen. Die Machtlosigkeit über Klassengröße, Klassenzusammensetzung und über die

---

76 Vgl.: Ebd., S. 18.

zu unterrichtenden Stunden und Fächer zu entscheiden, unterstützen diese Belastungen.[77] Bei einer Umfrage von Kramis-Aebischer stand der Belastungsfaktor durch Problemschüler auf dem ersten Platz. Die Belastungen durch Schülerinnen und Schüler können sehr vielseitig sein. Schwierigkeiten können kulturelle und sprachliche Unterschiede sein, ebenso familiäre Veränderungen. Mit dem Stichwort „Veränderte Kindheit" kann dies bestätigt werden. Die Zeitschrift „Der Stern" veröffentlichte 2001 eine Studie, die darauf aufmerksam machte, dass bereits jedes fünfte Kind in Deutschland psychisch oder körperlich so angeschlagen sei, dass diese Hilfe benötigten. Diese Probleme fallen im Unterricht und im Schulalltag auf die Lehrkräfte zurück. Gerade diese stellen eine enorme Belastung dar.

Widersprüchliche Rollenanforderungen stellen ein weiteres Problem auf dieser Ebene dar. Zielkonflikte und Rollenkonflikte zwischen Selektieren und Fördern, Notwendigkeit der Stoffvermittlung und einer sozialpädagogischen Unterstützung, sowie die Erwartungen an Vorgesetzte, Kollegen, Eltern und Schülern wirken sehr belastend auf die Lehrkräfte ein. Dazu kommt noch, dass die öffentliche Wertschätzung des Berufs sich in den letzten 20 Jahren drastisch verschlechtert hat. Weiter sind auch Ausstattungsmängel zu beklagen. Fehlende Lehr- und Lernmittel, Räume und klimatische, akustische und optische Verhältnisse stellen ebenfalls häufige Belastungsursache dar.[78]

Ebenfalls werden von Lehrerinnen und Lehrern eine gute Ausbildung sowie permanente Weiter- und Fortbildungsmaßnahmen erwartet. Wichtig zu erwähnen ist die Tatsache, dass alle genannten Belastungsfaktoren nicht für jede Lehrkraft eine Belastung darstellen, sondern dass diese individuell von vielfältigen Faktoren abhängig sind.

3.12 Lärmbelastung

Unter Lärm versteht man eine unerwünschte Schalleinwirkung, die von einer Person als belastend und störend empfunden wird oder so-

---

77 Vgl.: Stiller, Michael: Belastungen, Ressourcen und Beanspruchungen bei Lehrkräften, a.a.O., S. 86ff.
78 Vgl.: Urbutt, Anne: Belastungen im Lehrerberuf, a.a.O., S. 23ff.

gar als gesundheitsschädigend eingestuft werden kann. Allerdings ist Lärm nicht mit großer Lautstärke gleichzusetzen, denn auch leise Geräusche können als störend empfunden werden, wenn sie permanent auftauchen und auf den Menschen einwirken. Als Beispiel kann hier eine konzentrative Tätigkeit wie das Schreiben einer Klassenarbeit herangezogen werden, bei der schon minimale Geräusche wie Husten, Stühle rücken etc. als sehr störend auf die Konzentration einwirken können. Lärm wirkt sich somit nicht nur auf das Gehör aus, sondern auch auf das Wohlbefinden einer Person. Folgend werden in der Abbildung vier Lärmstufen unterschieden und mit Beispielen verständlich gemacht:

Lärmstufe	dB(A)	Subjektives Empfinden	Art der Geräusche	Gesundheitliche Wirkung
1	>10	unhörbar	Atemgeräusch in 30 cm Entfernung	Sicherer Bereich
	>30	leise	Flüstern	
2	65–90	laut bis sehr laut	Hauptverkehrsstraßen Schwimmbäder Schulhöfe	Vegetative Reaktionen
3	85–115	sehr laut	Walkman, MP3-Player, iPod	Beginn von Hörschäden
	90–120	sehr laut	kurzfristig: Diskotheken Pop-Konzerte langfristig: Diskotheken Pop-Konzerte	Beeinträchtigung des Hörvermögens Gefahr der Zerstörung der Haarzellen des Corti Organs
4	120	unerträglich	Flugzeugtriebwerk Presslufthammer	Verletzung des Zentralnervensystems
	150–180	unerträglich	Raketentriebwerk	Lähmung und Tod von Organismen

Abbildung 7: Lärmbelastung und Gesundheitswirkung[79]

---

[79] Abb.8: Bründel, Heidrun/Bründel, Klaus-Heinrich: Fit für den Schulalltag, a.a.O., S. 48.

Die Lärmbelastung stellt für viele Lehrkräfte eine meist zu wenig beachtete Beanspruchung und Belastung dar. Da die Kommunikationsform in der Schule verbal-auditiv ist, sollte es umso wichtiger sein, dass mehr auf die Akustik in den Schulräumen und Schulgebäuden geachtet wird. Leider spielt dies auch bei Neubauten eine eher untergeordnete Rolle. Häufig ist bei der Lärmeinwirkung in Schulen die Nachhallzeit zu berücksichtigen. Meist findet man diese in Fluren und Turnhallen. Durch das verzerrte Sprachsignal und der Störung der Sprachverständlichkeit werden die Schülerinnen und Schüler, aber auch die Lehrkräfte, immer lauter und beginnen sogar zu schreien. Besonders Kinder haben somit erhebliche Probleme, Informationen zu verstehen. Bereits in jungen Jahren können viele Schüler durch ihre Musikhör- und Freizeitgewohnheiten als hörgeschädigt einstufen werden. Es ist erwiesen, dass Lärm einen negativen Einfluss auf Lernleistung, Konzentration und Wohlbefinden aufzeigt. Die Wahrnehmung von Lärm ist dabei bedeutend. Was für Schüler als mittlere Intensität von Lärm wie z.B. Schreien, Herumlaufen, Toben, Rangeln, Klatschen etc. wahrgenommen wird, ist bei vielen Lehrkräften jedoch eine enorme Störung und Belästigung.

Lärm in Schulen ist ein Lern- und Gesundheitsproblem für alle Beteiligten und dort Anwesenden. Die Lärmbelastung durch Schülerstimmen in allen Räumen und Fluren ist hoch und Lehrpersonen können sich dieser kaum entziehen. Die Belastung durch Dauerbeschallung fördert Unlust, Ärger und Erschöpfung. Es können sogar Aggressionen entstehen.[80]

3.13 Resilienz: Persönliche Elastizität gegen Belastungsfaktoren

Persönliche Elastizität, Spannkraft oder Widerstandskraft sind Begriffe, die ein treffendes Bild von Resilienz, der Toleranz gegenüber Störungen, zeichnen. Resiliente Menschen sind wie ein Gummiball, der, wenn man ihn fest unter Druck setzt und wieder nachgibt, immer wieder zu seiner alten Form zurückkehrt. Der Begriff ist bis heute nur in wenigen Wörterbüchern zu finden. Er leitet sich vom lateinischen

---

80 Vgl.: Ebd., S. 47ff.

Wort „resilire" ab, was so viel wie abprallen oder zurückspringen bedeutet und mit „Widerstandsfähigkeit" umschrieben werden kann.[81] Das Konzept der Resilienz wurde im Rahmen des salutogenetischen Ansatzes entwickelt. In der deutschsprachigen Forschungsliteratur wird Resilienz meist im Kontext von Kindern und Jugendlichen aufgegriffen. Diese befasst sich größtenteils mit den Fähigkeiten, die Kindern in Problemsituationen helfen können, ihre persönlichen Krisen zu bewältigen. Dazu gehören Mitgefühl, Kooperationsfähigkeit, der Glaube an die eigene Wirksamkeit, Kommunikationsfähigkeit, Leistungsbereitschaft, das Lösen von Aufgaben, Kreativität, Selbstregulationsfähigkeit und Planungskompetenzen.

Im Zusammenhang mit Lehrkräften wird Resilienz als tagtäglicher Faktor gesehen, um Belastungen und Unregelmäßigkeiten zu verarbeiten um dabei die eigene Gesundheit zu erhalten. Hierbei wird spezifisch auf die psychische Widerstandsfähigkeit gegenüber Belastungen und pathogenen Bedingungen hingewiesen. Eine resiliente Lehrerperson bleibt demnach bei belastenden Lebens- und Berufsbedingungen gesund, während eine andere Lehrperson mit ähnlichen Einflüssen mit psychischen Störungen reagiert.[82] Konzeptuell weist das Resilienz-Konzept Überschneidungen mit dem Konzept der Selbstwirksamkeit und des Kohärenzgefühls auf. Trotzdem gilt Resilienz als Persönlichkeitsmerkmal gegen riskante Lebensbedingungen und Belastungen – vor allem im Schulalltag. Jedoch gehen die Resilienz-Forscher davon aus, dass diese nicht über den gesamten Lebenslauf stabil bleibt. Ebenso ist sie auch nicht den Menschen angeboren, sondern vielmehr ein Persönlichkeitsmerkmal, das im Laufe der Entwicklung erworben wird.

---

81 Vgl.: Stiller, Michael: Belastungen, Ressourcen und Beanspruchungen bei Lehrkräften, a.a.O., S. 114.
82 Vgl.: Döring-Seipel, Elke/Dauber, Heinrich: Was Lehrerinnen und Lehrer gesund hält. Empirische Ergebnisse zur Bedeutung psychosozialer Ressourcen im Lehrerberuf. Vanderhoeck und Ruprecht. Göttingen 2013, S. 63.

4. Empirische Studien zur Lehrergesundheit

4.1 Potsdamer Lehrerstudie

Dass der Lehrerberuf in der heutigen Zeit eine hohe psychische Belastung mit sich trägt, kann heute nicht mehr bestritten werden. Die hohen Zahlen der Dienstunfähigkeit und der vorgezogenen Ruhestände stehen als Beweise für diese Aussage. Dem stetig wachsenden Druck, den sich immerfort verschlechternden Verhältnisse, den Verhaltensproblemen der Schülerinnen und Schüler und dem fehlenden Engagement der Eltern sind viele Lehrkräfte nicht mehr gewachsen. Die Potsdamer Lehrerstudie, welche im Jahre 2006 fertig gestellt wurde, hat sich intensiv mit der Lehrergesundheit beschäftigt. Sie versuchte, Beiträge zur Verbesserung der Belastungssituation in dieser Berufsgruppe zu leisten.[83]

4.1.1 Ziel der Studie

Ziel der von Prof. Dr. Uwe Schaarschmidt durchgeführten Potsdamer Lehrerstudie war es, eine differenzierte Darstellung der Belastungssituation an den Schulen zu erlangen, sowie Vorschläge zu konzipieren, wie die Belastungen einer Lehrkraft im Schulalltag zu vermindern bzw. zu vermeiden sind. Dabei wird der Fokus auf individuelle Eigenschaften der Lehrpersonen gelegt, die den Betroffenen helfen sollen, diese Anforderungen zu bewältigen, um ein gewisses Niveau im Unterricht einbringen zu können.[84]

---

83 Vgl.: Schaarschmidt, Uwe/Kieschke, Ulf: Beanspruchungsmuster im Lehrerberuf. Ergebnisse und Schlussfolgerungen aus der Potsdamer Lehrerstudie. In: Rothland, Martin (Hrsg.): Belastungen und Beanspruchung im Lehrerberuf. Modelle, Befunde, Interventionen. VS Verlag für Sozialwissenschaften. Wiesbaden 2007, S. 81f.
84 Vgl.: Ebd.

4.1.2 Untersuchungskonzept

Insgesamt zehn Jahre lang hat Schaarschmidt mit weiteren Studenten und wissenschaftlichen Mitarbeitern an der Universität Potsdam die psychischen Belastungen von Lehrerinnen und Lehrern aufgenommen. Die Untersuchungen wurden im Dezember beendet. Diese wurden wie folgt in zwei Etappen gegliedert.

Die erste Etappe, die die Jahre 2000 bis 2003 beinhaltete, galt der differenzierten Analyse der vorgefundenen Belastungssituationen und der dafür verantwortlichen Bedingungen. Andere Berufe wurden hierbei miteinbezogen. Mit den einhergehenden Ergebnissen ging es in der zweiten Etappe, die die Jahre 2003 bis 2006 beinhaltete, darum, Maßnahmen zu prüfen und darauf gegründete Unterstützungsangebote auszuarbeiten. Diese sollen zu einer Belastungsreduktion bei den Lehrkräften führen. Insgesamt nahmen an beiden Abschnitten rund 16000 Lehrerinnen und Lehrer, sowie ca. 2500 Lehramtsstudierende und Lehramtsanwärter aus dem gesamten Bundesgebiet teil. Darüber hinaus waren 1500 weitere Lehrkräfte aus dem Ausland und 8000 Vertreter anderer Berufsgruppen miteinbezogen.

Als diagnostisches Instrument diente das AVEM (Arbeitsbezogenes Verhaltens- und Erlebensmuster) von Schaarschmidt, welches bereits in Punkt 3.3 näher beschrieben worden ist.[85]

---

85 Vgl.: Ebd., S. 82f.

4.1.3 Ergebnisse

Die Ergebnisse der ersten Etappe (2000-2006) ergaben, dass der Lehrerberuf die ungünstigste Musterkonstellation im Vergleich zu anderen Berufen besitzt. Dies wird in der folgenden Abbildung verdeutlicht:

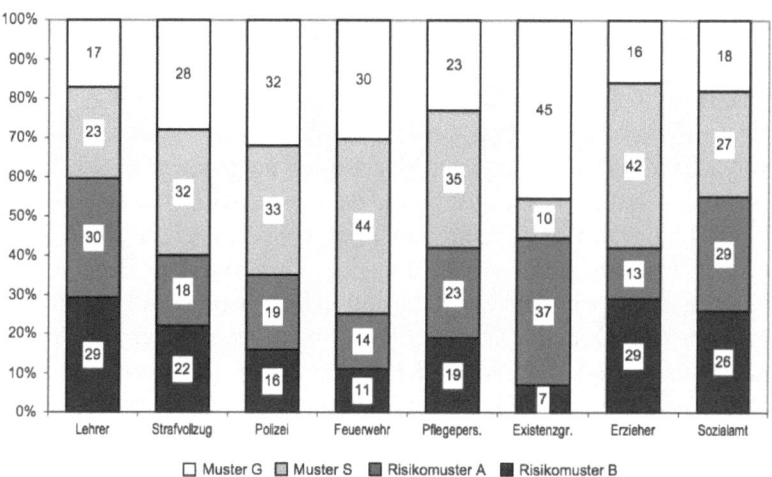

Abbildung 8: Musterverteilung im Berufsvergleich[86]

Es ist erkennbar, dass zum einen das erstrebenswerte G-Muster bei Lehrkräften sehr gering (17%), zum anderen die Risikomuster A und B sehr hoch (ca. 30%) sind. Gerade das Risikomuster B, welches durch Resignation und Erschöpfung gekennzeichnet ist, hebt sich den Lehrerberuf deutlich von anderen Berufsgruppen ab. Beim Vergleich mit anderen Regionen in Deutschland und mit den unterschiedlichen Schulformen konnte die Studie keine wesentlichen Unterschiede feststellen. Deutliche Unterschiede wurden allerdings beim Merkmal Geschlecht festgestellt. So ergab die Studie, dass Frauen empfindlicher auf schulische Belastungen reagieren als ihre männlichen Kollegen. Auch das Alter spielt bei der Belastungsbewältigung eine Rolle. So findet eine progressive Verschlechterung der Beanspruchungssituation meist

---

86 Abb.9: Lehrerfreund.de URL: https://www.lehrerfreund.de/schule/1s/lehrertyp/2967 (entnommen am 15.06.2017).

über die Berufsjahre hinweg statt. Hierbei sind ebenso Frauen mehr gefährdet als Männer. Wie bereits oben erwähnt, waren auch Lehramtsstudenten und Lehramtsanwärter bei der Studie mit inbegriffen. Bereits der Berufsbeginn zeigt, dass ungünstige Voraussetzungen existieren. Dies beweist der hohe Anteil des Risikomusters B (je 25%) und des S-Musters (ca. 30%). Als Ursache der hohen Belastungen wurden von allen Teilnehmern der Studie problematisches Schülerverhalten, zu große Klassen, zu hohe Stundenzahlen und fehlende Unterstützung seitens des Kollegiums und der Schulleitung angegeben.[87]

In der zweiten Etappe werden die Ergebnisse der ersten Etappe von Schaarschmidt und seinen Mitarbeitern aufgenommen und Unterstützungsangebote herausgearbeitet. Bei diesen handelt es sich um die Entwicklung und Erprobung von Interventionsprogrammen und Erfassungsinstrumenten, ebenso um eine Ableitung und Begründung von Gestaltungsempfehlungen. Grundsätzlich handelt es sich um Präventionsmaßnahmen, die in jeglichen Situationen in der Schule von Lehrerinnen und Lehrern in der Praxis angewandt werden können. Diese Leistungen werden in folgenden vier Punkten zusammengefasst:

Erstens: Einflussnahme auf die Rahmenbedingungen des Berufs

Es wurde in Erfahrung gebracht, dass bedrohliche Anforderungen übergreifend für die komplette Lehrerschaft gelten. Deshalb wurden belastende Faktoren ausgewählt, um hier Veränderungen anzusetzen. Diese Faktoren stellen die drei Instanzen rebellische Schülerschaft, Klassengröße sowie Stundenzahlen dar. Diese drei Instanzen sind allerdings nicht isoliert zu betrachten, sondern beeinflussen sich gegenseitig, was dazu führt, dass mehrere Veränderungen gleichzeitig angestrebt werden müssen. Schaarschmidt setzt dabei zwei Zielsetzungen in den Fokus. Zum einen müssen Lehrkräfte besser unterstützt werden und dürfen, besonders bei kritischen und komplizierten Aufgaben, nicht alleingelassen werden. Zum anderen wird das Einengen der Lehrerschaft durch unterschiedliche Instanzen kritisiert. Es ist den Lehrerinnen und Lehrern somit durch unterschiedliche Regeln nicht möglich, sich pädagogisch zu entfalten und dadurch ist das professionelle Arbeiten eingegrenzt.

---

87 Vgl.: Ebd., S. 89f.

Zweitens: Gestaltung der Arbeitsbedingungen vor Ort

Die Ergebnisse der Studie ergaben auch, dass die Belastungen im Schulalltag davon abhängen, wie dieser konkret an der Schule gestaltet wird. Die Atmosphäre innerhalb des Kollegiums, aber auch die mit der Schulleitung, ist enorm wichtig für das persönliche Wohlbefinden der Lehrerinnen und Lehrer. Je offener, sozialer und unterstützender die Beziehungen sind, desto souveräner ist der Umgang mit den Anforderungen. Des Weiteren sollten Konditionen und die Organisation der Schule in Augenschein genommen werden. Es müssen Fragen gestellt werden, wie z.B. „Wie kann der Erholungswert in den Unterrichtspausen gesteigert werden?" oder „Wie lassen sich die Arbeitsorganisation und die Möglichkeit für die soziale Interaktion und gegenseitige Unterstützung in der Lehrerschaft erweitern?" um die Gesundheit der Lehrerinnen und Lehrer vor Ort zu verbessern.

Drittens: Verbesserte Rekrutierung und Vorbereitung des Lehrernachwuchses

Die Studie zeigt zusätzlich, dass es enorm wichtig ist, sich auf den Lehrerzuwachs zu konzentrieren. Bereits während des Studiums zeigen viele Lehramtsanwärter viele Defizite auf. So befinden sich 25% der Studierenden im Beanspruchungsmuster B, welches zeigen soll, dass bereits vor Studienbeginn eine Eignung für den Beruf gegeben sein muss. Gewisse Fähigkeiten und Fertigkeiten wie z.B. Selbstvertrauen, Widerstandskraft und sozial-kommunikative Kompetenzen etc. müssen vorhanden sein. Zudem sollten die Studierenden neben der theoretischen Ausbildung mehr praxisnahe Erfahrungen machen dürfen, um beim Eintritt ins Berufsleben selbstverantwortlich Alltagssituationen lösen zu können.

Viertens: Entwicklungsbemühungen der Lehrer selbst

Zuletzt ist zu erwähnen, dass jede Lehrerin und jeder Lehrer selbst Kraft und Mühe investieren muss, um ein guter Pädagoge zu sein. Den Lehrkräften sollte bewusst sein, dass es ihre Pflicht ist, sich stets weiterzubilden. Ganz oben steht dabei die Kompetenzentwicklung. Anliegend sollte auch die eigene Gesundheit nicht vernachlässigt werden. Bestimmte Mittel wie z.B. körperliche Fitness, Meditation etc. können angrenzend hilfreich sein. Die Selbsterkenntnis, Hilfe zu benötigen, gehört ebenso zur Selbstförderung. Leider ist erwiesen, dass die Mehrheit aller Lehrkräfte es meist zu spät oder gar nicht merkt, Hilfe zu benötigen.[88]

4.2 Die Kasseler Studie zu Lehrergesundheit und Lehrerbelastung

4.2.1 Ziel und Versuchsaufbau der Studie

Anhand eines Fragebogens ermittelt die Kasseler Studie in zwei aufeinanderfolgenden Erhebungswellen die Gesundheit, Belastungen, Bewältigungsformen, Unterrichtsformen und Ressourcen von Lehrerinnen und Lehrern.

In der ersten Erhebungswelle, die von der DEBEKA-Krankenversicherung unterstützt wurde, wurden zwei Gruppen von Lehrkräften untersucht. Lehrerinnen und Lehrer ab 50 Jahren, die noch aktiv unterrichteten, wurden anhand der Krankheitskosten in gesunde und kranke Lehrkräfte aufgeteilt. Somit wurden 1500 Lehrerinnen und Lehrer mit hohen verursachten Krankheitskosten und 1500 mit niedrigen ausgewählt. Die DEBEKA teilte an diese Personen den Fragebogen aus, welchen sie anonym ausfüllten und an die Forscher der Universität Kassel übergaben. Somit war eine Trennung von personenbezogenen Versicherungsdaten und Fragebogendaten gewährleistet. Zeitgleich wurden 300 Lehrerinnen und Lehrer befragt, die eine Weiterbildung in Gestaltungspädagogik absolvierten bzw. diese zu dem Zeitpunkt der Befragung noch ausführten.

In der zweiten Erhebungswelle wurden zwei weitere Personengruppen mit spezifischen Weiterbildungshintergründen befragt. Diese zweite Befragung wurde in Kooperation mit der Deutschen Gesellschaft für Supervision, sowie Nils Altner und Sebastian Sauer durchgeführt. Somit richtete sich die zweite Befragungswelle konkret an Lehrerinnen und Lehrer, die Mitglieder der Deutschen Gesellschaft für Supervisionen sind und Lehrerinnen und Lehrer, die über Fortbildungen in unterschiedlichen Achtsamkeitsverfahren verfügen. Die Fragebögen

---

88 Vgl.: Ebd., S. 93ff.

wurden hier, anders als in der ersten Befragung, online zur Verfügung gestellt. Die Befragten wurden per E-Mail informiert.[89]

4.2.2 Das Modell

Die Befragung orientiert sich an einem transaktionalen Modell zur Entwicklung und Durchführung von Stress und Belastung. Das Modell besagt, dass neutrale Ereignisse, Vorkommen und Erwartungen erst dann zu Stress und Belastungen führen, wenn sie einen subjektiven Bewertungsprozess durchlaufen haben, denn nur dann liegt eine subjektive Wertung vor. Somit kann eine Person ein Ereignis als unbedeutend, aber auch als positiv oder negativ bewerten. Als positiv werden die Situationen bezeichnet, die ohne Belastungen vollzogen werden. Negativ sind hingegen diejenigen Ereignisse, die mit Stress verbunden sind. Ebenso die, die nicht den eigenen Erwartungen entsprechen und das individuelle Wohlergehen belasten. Negative Ereignisse können unterteilt werden in herausfordernde Situationen, in bedrohliche oder in Schaden oder Verlust.

In einem weiteren Schritt werden verfügbare Ressourcen bewertet und überprüft, ob sie für die Bewältigung der Situation brauchbar und ausreichend sind. Falls nicht, leidet das persönliche Wohlbefinden darunter. „Als „Bewältigung" werden alle Anstrengungen verstanden, die sich darauf richten, Anforderungen, Belastungen, und damit verbundene emotionale und körperliche Reaktionen zu meistern, zu tolerieren, zu mildern oder zu vermeiden."[90] Es existieren unterschiedliche Bewältigungsformen. Die Wahl der Form scheint ein wichtiger Einflussfaktor zu sein, der darüber bestimmt, ob die Belastung die Gesundheit angreift oder ob diese überwunden werden kann.

Zusammenfassend handelt es sich also bei diesem Modell um drei Gruppen von psychologischen Wirkungsfaktoren, nämlich subjektiven Bewertung, Ressourcen als Bewältigungspotenzial und unterschiedliche Bewältigungsformen.[91]

---

89 Vgl.: Döring-Seipel, Elke/Dauber, Heinrich: Was Lehrerinnen und Lehrer gesund hält, a.a.O., S. 55f.
90 Ebd., S. 56.
91 Vgl.: Ebd., S. 56f.

4.2.3 Der Fragebogen

Ziel der Umfrage war es, die Gesundheitssituation von Lehrkräften zu erforschen und diese im Zusammenhang mit berufsspezifischen Belastungen, Bewältigungsstilen und -strategien sowie vorhandenen Ressourcen zu studieren. Anders als bei anderen empirischen Studien, wurde hier nicht nur der gesundheitspsychologische Aspekt betrachtet, sondern auch Ressourcen im Hinblick auf die Unterrichtsgestaltung und das pädagogische Handeln. Sollte erwiesen werden, dass dieselben personalen und sozialen Ressourcen, die für die Gesundheit der Lehrerinnen und Lehrer verantwortlich sind, auch für die Qualität und Kompetenzen der Lehrkräfte maßgeblich sind, dann wäre ein Dreieck gewonnen, welches die Komponenten Ressourcen, Gesundheit und professionelles Lehrerhandeln enthält. Dadurch könnte Wissenswertes über die Aus- und Weiterbildung der Lehrerinnen und Lehrer sowie Prävention und Intervention gewonnen werden.

Der Fragebogen ist in verschiedene Blöcke aufgeteilt, welche die zentralen Konzepte Gesundheit, Anforderungen und Belastungen, subjektive Bewertungen, Bewältigung und Ressourcen enthält und durch die Bereiche Unterrichtsgestaltung und pädagogisches Handeln ergänzt wurde.[92]

Tabelle: Aufbau des Fragebogens[93]

Konzept	Erfasste Aspekte	Itemzahl
Demographische Merkmale	Alter, Geschlecht, in Partnerschaft lebend, Kinderzahl	4
Körperlicher und psychischer Gesundheitszustand	Globale, subjektive Gesundheitseinschätzung, Einschätzung der Arbeitsfähigkeit, körperliche Beschwerden, differenziert nach verschiedenen Krankheitsbildern, psychische Wohlbefindensbeeinträchtigungen, Depressions-, Angst-, Burnout-Symptome	29
Arbeitszufriedenheit	Aufgeschlüsselt nach verschiedenen Arbeitsaspekten wie Entlohnung, Handlungsspielräume, Kollegium, Vorgesetzte, etc.	8
Lebenszufriedenheit	Zufriedenheit insgesamt und mit verschiedenen Lebensbereichen	9

---

92 Vgl.: Ebd., S. 57.

Objektive Merkmale der beruflichen Situation	Anzahl der Berufsjahre, Unterrichtsfächer, Schulform, Größe des Kollegiums, Unterricht an mehreren Schulen, Einsatz in neuen Unterrichtsfächern, Teil- oder Vollzeittätigkeit, durchschnittliche wöchentliche Arbeitszeit, zusätzliche Funktionen in der Schule, außerschulische Zusatzaktivitäten, Wünsche nach Veränderungen wie zum Beispiel Reduzierung der Stundenzahl, Wechsel der Schule oder des Tätigkeitsfeldes, Fortbildung und Supervision	20
Private Situationen	Private Belastungen in den letzten 6 Monaten	1
Subjektiv wahrgenommene Merkmale der beruflichen Situation	Rollenambiguität, Kontrolliertheitserleben, Bedeutsamkeit der Arbeit	10
Belastungen durch berufsspezifische Anforderungen	Belastungen durch schwierige Schülerinnen und Schüler, durch Interaktionen mit Eltern, Kollegium und Schulleitung, durch Umgang mit Behörden, durch Stundenzahl, durch Korrekturen, durch Mobbing am Arbeitsplatz	8
Bewertung der beruflichen Situation als Anforderungssituation	Gesamtbewertung der beruflichen Anforderungssituation, aufgeschlüsselt nach den relevanten stressbezogenen Bewertungskategorien Herausforderung, Bedrohung, Verlust	4
Bewältigungsstrategien	aktive Bewältigung: problemlösendes Handeln, Reflexion, Suche nach sozialer Unterstützung, Lernen/Weiterbildung passive Bewältigung: Resignation, Ablenkung/Handlungsaufschub, palliativ/Pharmaka	28
Gesundheits- und Erholungsverhalten	Aktivitäten zum Abbau von Belastungen und „aus Freude am Tun"	8
Personale Ressourcen	Selbstwirksamkeitserwartung allgemein, Lehrerselbstwirksamkeit, Achtsamkeit, Kohärenzgefühl, Ungewissheitstoleranz, Distanzierungsfähigkeit, emotionale Stabilität, Transpersonales Vertrauen, Resilienz (psychische Widerstandsfähigkeit)	47
Soziale Ressourcen	Ausmaß wahrgenommener sozialer Unterstützung: soziale Unterstützung durch das Kollegium soziale Unterstützung durch die Schulleitung private soziale Unterstützung emotionale soziale Unterstützung instrumentelle soziale Unterstützung	10
Formen der Unterrichtsgestaltung und des pädagogischen Handelns	Schülerorientierung, Bevorzugung selbstständiger Arbeitsformen, emotional-motivational, erlebnisorientierter Lernzugang, Betonung von Wissens- Stoffvermittlung, Flexibilität, Rigidität/Störanfälligkeit	38

Gesundheitszustand

Abgefragt wurde der gesamte, momentane Gesundheitszustand und die Arbeitsfähigkeit, sowie Fragen zu physischen und psychosomati-

---

93 Ebd., S. 128f.

schen Beschwerden, psychische Defizite und Angst-, Depressions- und Burnout- Symptomen gestellt. Daneben wurden noch unterschiedliche Aspekte der Lebens- und Arbeitszufriedenheit erfragt.

Anforderungen und Belastungen

Zur Darstellung der beruflichen Lage der Lehrerinnen und Lehrer und der damit verknüpften Erwartung wurden unterschiedliche Frageperspektiven bestimmt:

Objektive Merkmale der beruflichen Situation

Hier werden neutrale Faktoren des Berufs, wie zum Beispiel die Schulform (siehe Tabelle), erwähnt.

Subjektiv wahrgenommene Merkmale der beruflichen Situation

Der Lehrkraft begegnen wiederkehrend unterschiedliche Erwartungen von unterschiedlichen Instanzen. Diese Widersprüchlichkeit von Erwartungen wird Rollenambiguität genannt, was zu Stress aufgrund eines Rollenkonflikts führen kann und dieses wiederum zu Burnout. Somit gilt die Rollenambiguität als ein beruflicher Belastungsfaktor und muss hier erwähnt werden.

Als zweiter wichtiger Punkt ist das Kontrolliertheitserleben zu nennen. Das beschreibt die soziale Situation in einer Schule, besonders die „Kontrolle" des Kollegiums, Schulleitung, etc. Das Gefühl, sich ständig rechtfertigen zu müssen, erhöht bei einigen Pädagogen den Druck, was als hohe Belastung anzusehen ist.

Als dritter Punkt ist die Bedeutsamkeit der Arbeit zu nennen. Hierbei handelt es sich um den persönlichen Stellenwert der Arbeit. Dieser ist wichtig, um eine hohe Motivation und Engagement für seinen Beruf zu erhalten. Allerdings muss auch eine gewisse Distanz zwischen Arbeit und Freizeit herrschen, um eine Überbewertung des Berufs zu vermeiden. Wenn diese fehlt, herrscht ein hohes Burnout-Risiko.

4.2 Die Kasseler Studie zu Lehrergesundheit und Lehrerbelastung

Belastung durch berufsspezifische Anforderungen

Die aufgezählten berufsspezifischen Anforderungen (siehe Tabelle) wurden durch mehrere empirische Studien als belastend eingestuft. Soziale Anforderungen wurden hier beabsichtigt in den Fokus gestellt, da diese für Lehrerinnen und Lehrer als besonders belastend empfunden werden. Die Befragten sollten bekunden, wie sehr sie die aufgezählten Anforderungen belasten; die subjektive Wahrnehmung ist wichtig, da sowohl theoretische Stressmodelle als auch empirische Studien besagen, dass objektive Anforderungen erst dann zur Belastung werden, wenn sie persönlich beurteilt und ausgelegt werden.

Bewertung der beruflichen Situation als Anforderungssituation

Die Befragten sollten in diesem Teil des Fragebogens eine Gesamtbewertung abgeben. Wird die Arbeit eher als Herausforderung oder als Bedrohung und Verlust angesehen? Eine vorzeitige Gesamtbewertung hat zur Folge, dass Personen ihren Lebensstil reflektieren und wissen, wie sie damit umgehen können.

Bewältigungsstrategien

Welche Bewältigungsstrategien, beziehungsweise ob Bewältigungsstrategien von Lehrerinnen und Lehrern verwendet werden, ist maßgebend dafür, ob Anforderungen zur Belastung werden und diese negative Auswirkungen auf die Gesundheit haben. Die Befragten wurden deshalb nach ihren typischen Verhaltensweisen bei Schwierigkeiten und Stress befragt, um Aufschluss über visuelle Bewältigungsstrategien zu erlangen. Die in der Tabelle aufgeführten Strategien werden in der Literatur als wichtig beschrieben.

Ressourcen

Ressourcen wurden in personale und soziale Ressourcen aufgeteilt, da einmal der Fokus auf dem Aufrechterhalten der Gesundheit und einmal auf der Gestaltung des Unterrichts liegt. Personale Ressourcen umfassen individuelle Eigenschaften, den Charakter einer Person, ihre Fähigkeiten und Einstellungen. Soziale Ressourcen hingegen können unterschiedliche Formen der sozialen Unterstützung umfassen. Diese können aber nur als Ressourcenquelle angesehen werden, wenn sie für die Person als verfügbar angesehen werden.[94]

Unterrichtsgestaltung und pädagogisches Handeln

Die unterschiedlichsten Teilaspekte des Unterrichtshandelns der Befragten wurden mit einem allein für die Untersuchung vom Autorenteam entwickelten Fragenkatalog festgehalten. Empirisch wurden diese Fragen in sechs Dimensionen aufgeteilt: Schülerorientierung, Bevorzugung selbstständiger Arbeitsformen, emotional- motivational, erlebnisorientierter Lernzugang, Betonung von Wissens- und Stoffvermittlung, Flexibilität und Rigidität/Störanfälligkeit, die in weiteren Fragebogen-Items näher beschrieben werden sollen. Im Folgenden werden diese zugeordneten Fragebogen-Items näher charakterisiert:

Schülerorientierung (1)
1. Soziales Lernen ist mir genauso wichtig wie Wissensvermittlung.
2. Ich interessiere mich für die persönliche/häusliche Situation meiner Schülerinnen und Schüler.
3. Ich versuche, mir immer wieder Zeit zu nehmen, um mit Schülerinnen und Schülern auch persönliche Gespräche zu führen.

Bevorzugung selbstständiger Arbeitsformen (2)
1. Ich bin daran interessiert, dass die Schülerinnen und Schüler den Unterricht weitgehend selbstständig gestalten.
2. Ich bevorzuge indirekte, nicht vollständig von der Lehrkraft kontrollierte Unterrichtsmethoden wie selbstständige Einzelarbeit, Partner- und Gruppenarbeit, Projekt- und Stationenarbeit etc.

Emotional-motivationaler, erlebnisorientierter Lernzuwachs (3)
1. Ich versuche, den Unterricht so zu gestalten, dass der Funke im Unterricht überspringt und die Schülerinnen und Schüler interessiert/begeistert mitmachen.
2. Die Schülerinnen und Schüler zum Staunen zu bringen, ist mir wichtiger, als von ihnen richtige Antworten zu hören.

Betonung von Wissens-/Stoffvermittlung (4)
1. Im Unterricht geht es darum, systematisch Wissen zu vermitteln.
2. In meinem Unterricht konzentriere ich mich auf den Stoff.

---

94 Vgl.: Ebd., S. 58ff.

Flexibilität (5)
1. Ich weiche von meinem vorbereiteten Unterrichtskonzept ab, wenn die Situation es erfordert.
2. In meinem Unterricht gehe ich auf Vorschläge und Anregungen der Schülerinnen und Schüler ein.

Rigidität/ Störanfälligkeit (6)
1. Unterrichtsstörungen bringen mich leicht aus dem Konzept.

Dieser Abschnitt des Fragebogens dient dazu, Auskunft über verwendete Methoden, Unterrichtsplanung und Handlungsweisen im Unterricht zu geben. Aber auch etwaige Probleme werden hier aufgedeckt.[95]

4.2.4 Die Befragten

Insgesamt gingen aus beiden Erhebungsquellen 1234 komplett beantwortete Fragebögen hervor. Von 1500 gesunden Lehrerinnen und Lehrer (geringe Krankheitskosten) beantworteten den Fragebogen 404, aus Gruppe 2, 1500 kranke Lehrkräfte (hohe Krankheitskosten) antworteten 628. Die drei Gruppen mit einem Weiterbildungshintergrund waren etwas kleiner. Hier antworten 64 Personen mit der Weiterbildung in Gestaltungspädagogik, 84 mit Supervisionsweiterbildung und 54 Personen mit achtsamkeitsbezogenen Weiterbildungen.

	weiblich	männlich	Durchschnittsalter	in Partnerschaft lebend	Kinderzahl
Gruppe 1 Niedrige Krankheitskosten (gesunde Lehrkräfte)	233 (57,7%)	171 (42,3%)	M*= 56 Jahre SD**= 3 Jahre	85,9%	1,8
Gruppe 2 Hohe Krankheitskosten (kranke Lehrkräfte)	408 (65%)	220 (35%)	M= 56 Jahre SD= 3 Jahre	76,5%	1,2
Gruppe 3 Weiterbildung Gestaltungspädagogik	47 (73,4%)	17 (26,6%)	M= 56 Jahre SD= 6 Jahre	85,9%	1,3
Gruppe 4 Weiterbildung achsamkeitsbasierte Verfahren	42 (77,8%)	12 (22,2%)	M= 48 Jahre SD= 9 Jahre	72,2%	1,1

---

95 Ebd., S. 64f.

4. Empirische Studien zur Lehrergesundheit

	weiblich	männlich	Durch- schnittsalter	in Partnerschaft lebend	Kinder- zahl
Gruppe 5 Weiterbildung Supervision	58 (69%)	26 (31%)	M= 52 Jahre SD= 6 Jahre	85,7%	1,4

*Mittelwert **Standardabweichung

36,1% der Befragten (446 Personen) waren männlich, 63,9% (788) waren weiblich. Die gesamte Gruppe zeigte ein Durchschnittsalter von 55 Jahren auf (siehe Tabelle). Die Unterschiede lagen bei den fünf Gruppen im Geschlecht, Alter, Partnerschaft und Kinderzahl. In Gruppe 3 und 4 sind mehr Personen des weiblichen Geschlechts vorhanden als in Gruppe 1, 2 und 5. Die Gruppe 1 zeichnet sich durch die höchste Kinderzahl aus (durchschnittlich). Angehörige der Gruppe 2 und 4 leben häufiger allein als die der anderen Gruppen. Bei Angehörigen der Gruppen 1, 2 und 3 findet sich das gleiche Alter. Das liegt mit Sicherheit an der Tatsache, dass für die Gruppe 1 und 2 eine Altersgrenze von 50-65 Jahren erfolgt, wohingegen die anderen Gruppen unabhängig vom Alter in die Studie miteinbezogen wurden.

Befragte mit spezifischen Weiterbildungen (Gestaltpädagogik, Supervision, achtsamkeitsbasierte Verfahren):

Weiterbildung in Gestaltpädagogik (Gruppe 3):

57 von 64 Personen füllten den Fragebogen vollständig aus. Die durchschnittliche Dauer der Weiterbildung betrug 5,2 Jahre (Standardabweichung SD= 3,2 Jahre). Die Weiterbildung kostete den Angehörigen der Gruppe 3 1-16 Jahre. Die Mehrheit hat zum Zeitpunkt der Befragung die Weiterbildung seit längerem abgeschlossen.

- 45.6% beendeten ihre Weiterbildung zwischen 1988 und 1995, davon 42,3% mit Graduierung,
- 33,3% beendeten ihre Weiterbildung zwischen 1996 und 2000, davon 36,7% mit Graduierung,
- 15,8% beendeten ihre Weiterbildung zwischen 2001 und 2005, davon 77,8% mit Graduierung und
- 5,3% beendeten ihre Weiterbildung später als 2005 beziehungsweise befanden sich zum Zeitpunkt der Befragung noch dabei.

Die Recherche zeigt, dass 46,7% der Befragten ihre Weiterbildung mit Graduierung, 50% ohne Graduierung abgeschlossen und 3,3% diese noch nicht beendet hatten. Die Weiterbildung in Gestaltpädagogik fand fast nur in privaten Instituten statt. 45% im Fritz Perls Institut (FPI), 8,3% im Gestaltungszentrum Berlin (GZB), jeweils 6,7% nannten die Gestalttherapeutische Vereinigung (GPV) und das Institut für Gestalttherapie und Gestaltpädagogik (IGG Berlin). Die Hälfte der Lehrerinnen und Lehrer, die diese Weiterbildung mit Erfolg abschlossen, verfügten des Weiteren über mindestens eine Aus- oder Weiterbildung. Meist handelt es sich um Gebiete in der Meditation beziehungsweise Supervision. Somit können Überschneidungen der Gruppen 3, 4 und 5 nicht ausgeschlossen werden.

Fort- und Weiterbildung in achtsamkeitsbasierten Verfahren (Gruppe 4):

90,4% von 54 Befragte gaben an, formale Achtsamkeitsmethoden auszuführen; 14,8% praktizierten eine, 27,8% zwei und 35,2% drei und 13% sogar mehr. Neben Meditationen (67%) wurden noch Yoga (48,2%), Bodyscan (30,4), Kontemplation (21,4%), Qigong (16,1), Zen (14,3%), Vipassana (7,1%), Dzogchen (1,8%) und Sufi (0) ausgeführt. 21,4% gaben noch weitere Methoden an. Die Durchschnittszeit, in der die Befragten Achtsamkeit praktizieren, beträgt 9 Jahre (M= 9,01 Jahre, SD= 9,25 Jahre). Das Minimum lag bei einem Monat, das Maximum bei 33 Jahren. Achtsamkeit ist im Leben der Befragten integriert, wie folgende Tabelle zeigt:

	formal	informal
nie	9,3	14,8
weniger als einmal pro Woche	1,9	7,4
ca. einmal pro Woche	24,1	5,6
alle 2-3 Tage	25,9	11,1
einmal täglich	31,5	14,8
mehrmals täglich	7,4	46,3

50% der Befragten praktizierten in Gemeinschaft, 94,4% mit Freundinnen und Freunden, Familie, Kollegium, etc. Ziele, die durch die Achtsamkeitspraxis verfolgt wurden, zeigt die folgende Tabelle:

primäres Ziel	%
um besser mit Belastungen oder/und Beschwerden umzugehen	14,8
um mich zu entspannen	3,7
um meine Gesundheit zu fördern	13
um meine Beziehung zu Schülerinnen und Schüler und zum Kollegium zu verbessern	0
um meine Beziehung mit mir selbst zu verbessern	20,4
um mein Erleben zu intensivieren	9,3
aus einem spirituellen Bedürfnis heraus	22,2
ohne Ziel	3,7
andere Ziele	13

Die Hälfte der Befragten gab ebenso an, Achtsamkeit mit Schülerinnen und Schülern zu praktizieren.

Supervisionsweiterbildung (Gruppe 5):

97,6% der Befragten, also 86 Personen, konnten eine Weiterbildung als Supervisor/-in nachweisen beziehungsweise befanden sich noch in der Ausbildung. Zwischen 1988 und 1995 schlossen die Weiterbildung 13% ab, zwischen 1996 und 2000 32%, im Zeitraum von 2001 bis 2005 28% und von 2006 bis 2010 28%. Somit schlossen insgesamt 85,7% der Befragten die Supervisionsweiterbildung mit Erfolg ab. 13,1% hatte zum Zeitpunkt der Befragung die Weiterbildung noch nicht abgeschlossen, 1,2% beendeten die Weiterbildung ohne Abschluss. Die befragten Personen gaben insgesamt 30 Institutionen an, an denen sie die Weiterbildung absolviert hatten, zum Teil an Fach- und Hochschulen, aber auch an privaten Institutionen. 91,7% sind supervisorisch tätig. 54,8% bis zu 3 Stunden wöchentlich, 26,2% bis zu 6 Stunden wöchentlich und 10,7% mehr als 6 Stunden wöchentlich. 76,2% besitzen noch mindestens eine weitere Weiter- oder Ausbildung.[96]

4.2.5 Zusammenfassung der Ergebnisse

Im Mittelpunkt der Befragung stand die Frage, welche Einflüsse die Gesundheit von Lehrerinnen und Lehrer stabilisieren und schützen.

---

96 Vgl.: Ebd., S. 65ff.

Werden die Ergebnisse unter dieser Fragestellung beobachtet, zeichnen sich einige Grundmuster ab.

Erfahren wurde, dass objektive Eigenschaften des Lehrerberufs kaum bis keine gesundheitsgefährdenden Merkmale aufweisen. Das bedeutet nicht, dass die Lehrertätigkeit keine Belastung und Gefährdung für die Gesundheit darstellen kann, sondern dass die Tätigkeiten subjektiv bewertet werden müssen. Das heißt, dass eine subjektive Bewertung von Anforderungssituationen eine große Rolle spielt. Positive Bewertungen werden eher als Herausforderung wahrgenommen, wobei negative als Bedrohung angesehen werden und somit oft zur Überforderung führen. Obendrein beeinflusste die Art der Bewertung die Form der Bewältigung von Anforderungssituationen: Durch positive Bewertungen sinkt der Gebrauch passiver Bewältigungsformen, wohingegen negative Bewertungen diese erhöhen. Passive Bewältigungsformen sind z.B. Resignation, Verzicht auf aktive Lösungsversuche, Alkoholkonsum, usw.

Gesundheitliche Belastungs- und Schutzfaktoren

Der wohl größte Belastungsfaktor stellt, wie oben bereits erwähnt, die subjektive Belastung und Neigung zu passiven Formen dar. Der wichtigste Schutzfaktor sind die verfügbaren Ressourcen, besonders die personalen. Diese Studie hat erwiesen, dass eine ungünstige Bewertung von Anforderung die Entstehung von physischen und psychischen Krankheiten begünstigt, wobei die Psyche anfälliger ist als der Körper. Die Studie stellte auch fest, dass Optimismus, Lebensfreude und Zuversicht sich positiv auf die Art der Bewältigung auswirkt, das heißt, je positiver eine Aufgabe angegangen wird, desto gesünder bleiben wir.

Die gesundheitsschützende Wirkung von Ressourcen

Personale Ressourcen gelten als gesundheitlicher Schutzfaktor. Sie verringern das Risiko, an körperlichen oder psychischen Krankheiten zu leiden und fördern den Gebrauch aktiver Bewältigungsmuster. Lehrerinnen und Lehrer, die ein hohes Maß an personalen Ressourcen aufzeigen können, erkranken seltener als ihre Kolleginnen und Kollegen, die keine gut ausgebildeten personalen Ressourcen besitzen. Ebenso verwenden Lehrkräfte mit guten personalen Ressourcen aktive Formen der Bewältigung, statt passive Formen (Resignation, Grübeln, Medikamente, usw.), was das Risiko senkt, psychisch und körperlich zu erkranken. Somit kommt den personalen Ressourcen eine doppelte gesundheitsschützende Funktion zu: einen positiven Effekt auf die Gesundheit und auf die Art und Weise, Anforderungen zu bewältigen, was wiederum gesundheitsfördernd ist. Ein Unterricht, der die Merkmale guten Unterrichts z.b. von Hilbert Meyer enthält, kann häufig nur von Pädagogen mit gut ausgebildeten personalen und sozialen Ressourcen konzipiert werden. Lehrerinnen und Lehrer mit einer eher geringen Ressourcenbasis konzentrieren sich meist nur an der Stoff- und Wissensvermittlung und fühlen sich stark überfordert, sobald Störfaktoren im Unterricht auftreten. Somit beweist die Kasseler Studie, dass personale aber auch soziale Ressourcen bereits in der Ausbildung der Lehrerinnen und Lehrern gefördert und aufgebaut werden müssen, um diese dann stetig weiterzuentwickeln.

Gesundheits- und Ressourcensituation von Lehrkräften mit Weiterbildung

Die empirische Untersuchung beweist, dass Lehrerinnen und Lehrer, die eine Weiterbildung absolviert haben, psychisch und physisch fitter sind. Diese Lehrkräfte haben für sich Formen gefunden, mit Anforderungen umzugehen, die ihnen Freude bereiten, was dazu führt, dass Arbeit nicht als Belastung angesehen wird. Neben ihrer optimistischen Lebensweise fallen Lehrerinnen und Lehrer, die eine Weiterbildung durchlaufen haben, dadurch auf, dass ihre sozialen und personalen Ressourcen sehr gut aufgebaut und entwickelt sind. Obwohl die drei Weiterbildungen Gestaltungspädagogik, Supervision und Achtsamkeit unterschiedliche Inhalte aufzeigen, sind die Ergebnisse der Studie im Hinblick auf die Gesundheitssituation und Ressourcenausprägung weitgehend vergleichbar.

Nicht bewiesen, aber naheliegend, ist es, dass Lehrerinnen und Lehrer mit Weiterbildung bereits im Voraus sehr engagierte und gute ausgebildeten Lehrkräfte mit hohen Ressourcen waren, da gesundheitsgefährdende Pädagogen in der Regel keine Weiterbildung anstreben. Ein weiterer Faktor, der erwähnenswert ist, ist die Tatsache, dass Lehrerinnen und Lehrer mit einer der drei Weiterbildung durch diese eine Balance zwischen Beruf und Alltag geschaffen haben und somit Möglichkeiten der Sinnstiftung jenseits des Lehrerdaseins finden.[97]

---

97 Vgl.: Ebd., S. 103ff.

5. Präventive und intervenierende Maßnahmen gegen Burnout

Das folgende Kapitel beschäftigt sich mit präventiven und intervenierenden Maßnahmen, welche Burnout bei Lehrkräften vorbeugen oder kurieren sollen. Die Literatur zu den Präventions- und Interventionsmaßnahmen bei Burnout ist umfangreich und vielfältig. Dies resultiert daraus, dass es für das Burnout-Syndrom kein allgemeingültiges Rezept zur Verhinderung oder Linderung geben kann, da die Ursachenzusammenhänge von Person zu Person unterschiedlich sind. Deshalb muss das Angebot der Hilfsmöglichkeiten ebenso breit aufgestellt sein. Burisch verwies bereits 1994 im Bereich der Angebote zur Prävention und Intervention von Burnout auf die Problematik hin, dass nur die wenigsten Praktiken wissenschaftlich erprobt worden sind. Auch heute noch kritisiert er: „Was Prophylaxe, Prävention und Therapie des Burnout-Syndroms betrifft, besteht ein großes Missverhältnis zwischen veröffentlichen Vorschlägen und informell gesammelten Erfahrungen. Nahezu jede der zitierten berufsspezifischen Burnout-Beschreibungen enthält Anweisungen, was zu tun ist, wenn das Kind in den Brunnen gefallen ist, und nicht wenige widmen sich auch den Möglichkeiten zur Abdeckung des Brunnens. Erprobt ist davon das allerwenigste".[98] Diese Ansicht wird heute allerdings nicht mehr von vielen Forschern geteilt.

Im folgenden Kapitel soll es darum gehen, unterschiedliche Maßnahmen zur Prävention und Intervention von Burnout vorzustellen. Eine Bewertung der einzelnen Maßnahmen kann hierbei nicht durchgeführt werden. Weiter ist zu beachten, dass sich einige Maßnahmen zur Prävention sowie auch zur Intervention eignen, das heißt, dass einige Punkte sich in der Prophylaxe und in der Therapie wiederfinden.

---

98 Burisch, Matthias: Das Burnout-Syndrom, a.a.O., S. 221.

Erst der letzte Punkt wird sich gezielt mit der klinischen Therapie von Lehrkräften mit Burnout beschäftigen.

5.1 Professionalisierung der Lehreraus- und fortbildung

Eine Professionalisierung der Lehreraus- und fortbildung kann dazu beitragen, Belastungen im Lehrerberuf zu mindern. Dies kann auf alle drei Ebenen (Organisationsebene, Individuumsebene und Systemebene) Auswirkungen haben. Zunächst sollte allerdings der Begriff der Professionalisierung geklärt werden. Eine Definition von Bauer, der die pädagogische Professionalisierung bei Lehrkräften mitentwickelt hat, lautet wie folgt: „Pädagogisch professionell handelt eine Person, die gezielt ein berufliches Selbst aufbaut, das sich an berufstypischen Werten orientiert, sich eines umfassenden pädagogischen Handlungsrepertoires zur Bewältigung von Arbeitsaufgaben sicher ist, sich mit sich und anderen Angehörigen der Berufsgruppe Pädagogen in einer nicht-alltäglichen Berufssprache verständigt, ihre Handlungen in Bezug auf eine Berufswissenschaft begründen kann und persönlich die Verantwortung für Handlungsfolgen in ihrem Einflussbereich übernimmt."[99] Unter dem Begriff „professionelles Selbst" versteht er eine Instanz, die für die Aufmerksamkeit eines Pädagogen da ist, diese ebenso zu steuern und damit pädagogische Ziele durch schnelle Informationsverarbeitung und Handlungsmuster zu erreichen. Dieses Selbst kann von der betroffenen Person gesteuert werden, da es ein Teil des Bewusstseins ist. Da die Tradition der Professionalität beim Lehrerberuf noch keine lange ist, bleibt der Begriff weiterhin etwas unscharf. Meist wird der Begriff durch Merkmale wie systematisches, wissenschaftliches Wissen, Gemeinwohl, Selbstkontrolle, Handlungsweisen, Reflexionsfähigkeit umschrieben und vereinfacht.

Die Aus- und Fortbildungen von Lehrkräften sollten sich an das professionelle Selbst wenden, da dieses bei schlechter Verfassung schnell zur beruflichen Unzufriedenheit führen kann. Damit eine voll-

---

99 Bauer, K.-O./Kopka, A./Brindt, S.: Pädagogische Professionalität und Lehrerarbeit. Eine qualitativ empirische Studie über professionelles Handeln und Bewusstsein. Weinheim/München 1997, S. 23.

entwickelte Professionalität entwickelt werden kann, muss an der individuellen Professionalität und der Arbeitsorganisation innerhalb des Schulsystems gearbeitet werden. Die individuelle Professionalität beinhaltet die Befähigung der Lehrkräfte, ihren Unterricht zu organisieren, durchzuführen und zu reflektieren. Weiter werden beispielsweise Konzepte der Schulentwicklung, Organisationsentwicklung und die Förderung von Kompetenzen kooperativen Handelns angesprochen.[100]

Für eine Minderung der oben dargestellten Belastungen der Organisationsebene können vier neue Qualifikationen durch vermehrte Kooperation das „Alleingelassensein" von Lehrkräften und die mangelnde Offenheit des Kollegiums mindern sowie den Lehrkräften zu einer größeren Autonomie verhelfen. Diese vier Bereiche gliedert Altrichter in:

1. Wissen und Kompetenzen für Prozesse des Schulsystems
2. Pädagogische und (fach-) didaktische Kompetenzen
3. Bereitschaft, Fähigkeit und Möglichkeit gemeinsamer Arbeit, Koordination und Kooperation
4. Reflexivität

Weiter kann die Organisationsentwicklung zum Wohlbefinden der Lehrkräfte und zur Verminderung von Belastungen beitragen. Unter diesem Begriff versteht man, dass die Schule aus gewonnen Erkenntnissen der Vergangenheit Analysen durchführt und diese Wünsche, Interessen und Bedürfnisse der Mitarbeiter im Sinne der Schule verändert oder weiterentwickelt. Dabei ist der Einklang von Effizienz und Arbeitszufriedenheit das verfolgte Ziel.

Die Folgen dieser Ausführungen sollten also die Aufnahme solcher Wissensgebiete sowie bereits eine in der Ausbildung angewandte Verzahnung zwischen Theorie und Praxis sein. Auch Kramis-Aebischer nennt die schulinterne Lehrerfortbildung als Motor einer positiven Schulentwicklung und als Merkmal einer „guten Schule". Kommunikation und Kooperation unter allen beteiligten Personen in der Schule verbessern Autonomie, Aktivität, Einstellungen und das Schulklima. Demzufolge kann die Form der Fortbildung einen wesentlichen Anteil zur Belastungsvermeidung bei Lehrkräften beisteuern. Die Durchführung kann hierbei in eigener Regie durchgeführt oder außenstehende

---

100 Vgl.: Urbutt, Anne: Belastungen im Lehrerberuf, a.a.O., S. 33ff.

Personen, die sich mit den jeweiligen Problemen auskennen, herangezogen werden.

Ein weiteres Feld ist die Teamsupervision. Bei einer Supervision geht es um die fachliche Begleitung bei Reflexionen von Arbeitssituationen und die damit verbundenen Weiterentwicklungen von professionellen Handlungsformen. Es handelt sich also um eine Beratung einzelner oder mehrerer Personen. Durchgeführt wird diese Beratung meist durch einen dafür ausgebildeten Pädagogen oder Psychologen. Wie auch bei den vorherigen Bereichen zielt die Teamsupervision auf eine Verbesserung des Arbeitsklimas, die Bewältigung einer aktuellen Konfliktlage, die Verbesserung im Bereich Kommunikation und Kooperation zwischen Lehrkräften und die damit einhergehende Erhöhung der Arbeitszufriedenheit an. Durch die soziale Unterstützung untereinander kann die seelische Gesundheit der betroffenen Lehrerinnen und Lehrern wiederhergestellt bzw. Burnout vorgebeugt werden.

Bei allen dargestellten Punkten und Bereichen, wie der Teamsupervision, der Mitwirkung der Schulentwicklung und der schulinternen Lehrerfortbildungen, ist jedoch zu beachten, dass für die Lehrkräfte keine weiteren Belastungen durch die vermehrten Aufgaben hervorgerufen werden. Die neuen Qualifikationen und Anforderungen bringen die Gefahr weiterer Belastungen mit sich, auch wenn erst zu einem späteren Zeitpunkt die Resultate wirken können.[101]

5.2 Reduzierung der Arbeitsbelastung

5.2.1 Kooperatives Lernen

Beim kooperativen Lernen wandelt sich die klassische Rolle der Lehrkraft, was bedeutet, dass sie statt beispielsweise Wissensvermittlung und Frontalunterricht vielmehr das Organisieren und Moderieren von Lernprozessen als Aufgabe wahrnimmt. Kooperatives Lernen bedeutet auch, dass sich die Grundstruktur der Schüler verändert. Die Schüler sind zunehmend in der Lage, einzelne Lernabschnitte und Lernfunk-

---

101 Vgl.: Ebd.

tionen selbstständig zu übernehmen. Dies reduziert die Anspannung und Belastung des Lehrers im laufenden Unterricht erheblich. Bei schüleraktiven Phasen nimmt die Lehrkraft die Rolle des Beobachters ein, welches eine innere Distanz zwischen Lehrerinnen und Lehrern und Unterrichtsgeschehen aufbaut. Allerdings sind der Einsatz und die Durchführung von kooperativen Lernformen kein Garant für entspannten Unterricht oder Entlastungen seitens der Lehrkraft. Um das Entspannungspotenzial des kooperativen Lernens voll nutzen zu können, müssen einige Aspekte, die folgend dargestellt werden, berücksichtigt werden.[102]

Kooperation im Kollegium

Die Umsetzung kooperativer Lernformen benötigt viel Zeit und Geduld, ist aber langfristig gesehen eine gute Investition. Kooperation unter Lehrkräften lebt auch den Schülerinnen und Schülern vor, wie man gemeinsam etwas aufbauen kann. Mit der Zeit akzeptieren diese kooperative Prozesse als Selbstverständlichkeit. Kooperation im Kollegium macht sich durch aktive Teamarbeit sicht- und spürbar. Durch Zusammenarbeit unter Lehrern bei Schülern der gleichen Klassenstufe lässt sich die Unterrichtsvorbereitung reduzieren und Doppelarbeit vermeiden. Durch Materialaustausch, methodische Settings oder Stundenaufbauten entwickelt sich ein kooperatives Lern- bzw. Lehrarrangement für die Lehrkräfte.

Transparenz und Routine

Grundlage des kooperativen Arbeitens im Unterricht ist der Übergang von der Einzelarbeit über Partnerarbeit bis zur Gruppenarbeit. Hilfreich sind hierbei unterschiedliche Methoden wie beispielsweise Placemat, Lerntempoduell oder Gruppenpuzzle. Die eingeübten Sozialformen werden nur durch regelmäßiges Einüben für die Schülerschaft transparent. Später sollten die Lernprozesse, egal welcher Sozialform, von den Schülerinnen und Schülern reflektiert werden, damit sie sel-

---

102 Vgl.: Schmalenbach, Jan: Entlastung im Unterricht. Das Potenzial kooperativer Arbeitsformen, in: Kliebisch, Udo W./Meloefski, Roland (Hrsg.): Lehrergesundheit. Anregungen für die Praxis. Schneider Verlag Hohengehren GmbH. Baltmannsweiler 2009, S. 103.

ber erkennen können, wie sie ihre Arbeitsweisen und ihr Verhalten beurteilen und verändern können. Dieses Vorgehen kann z.b. bei gemeinsam aufgestellten Klassenregeln hilfreich sein.

Empirische Studien belegen die Wirksamkeit kooperativen Lernens bei Schülerinnen und Schülern. Durch die Übernahme unterschiedlicher Lehrerfunktionen durch die Schüler verkleinert sich das Belastungsfeld des Unterrichtens für den Lehrers. Dass diese Lernform nicht nur Lehrkräfte entlastet, sondern auch Schülerinnen und Schüler in ihrem Lernprozess unterstützt, ist ein Argument, das für diese didaktische Methode spricht.[103]

5.2.2 Entlastung durch Schülerselbstbeurteilung

Gegenwärtig ist in den meisten Schulen und Unterrichtseinheiten der fragenentwickelnde Unterricht mit seinen vielen lehrerzentrierten Phasen und wenig Selbstständigkeit der Schülerschaft dominierend. Die vorherrschende Durchführung der Leistungsbeurteilung und -messung stärkt die Beanspruchung der Lehrkraft und steigert die Belastung im Unterricht. Folgende Abbildung veranschaulicht die möglichen Belastungskriterien und einen möglichen Verlauf, der zur Belastungen im lehrerzentrierten Unterricht führen kann.

---

103 Vgl.: Ebd., S. 103ff.

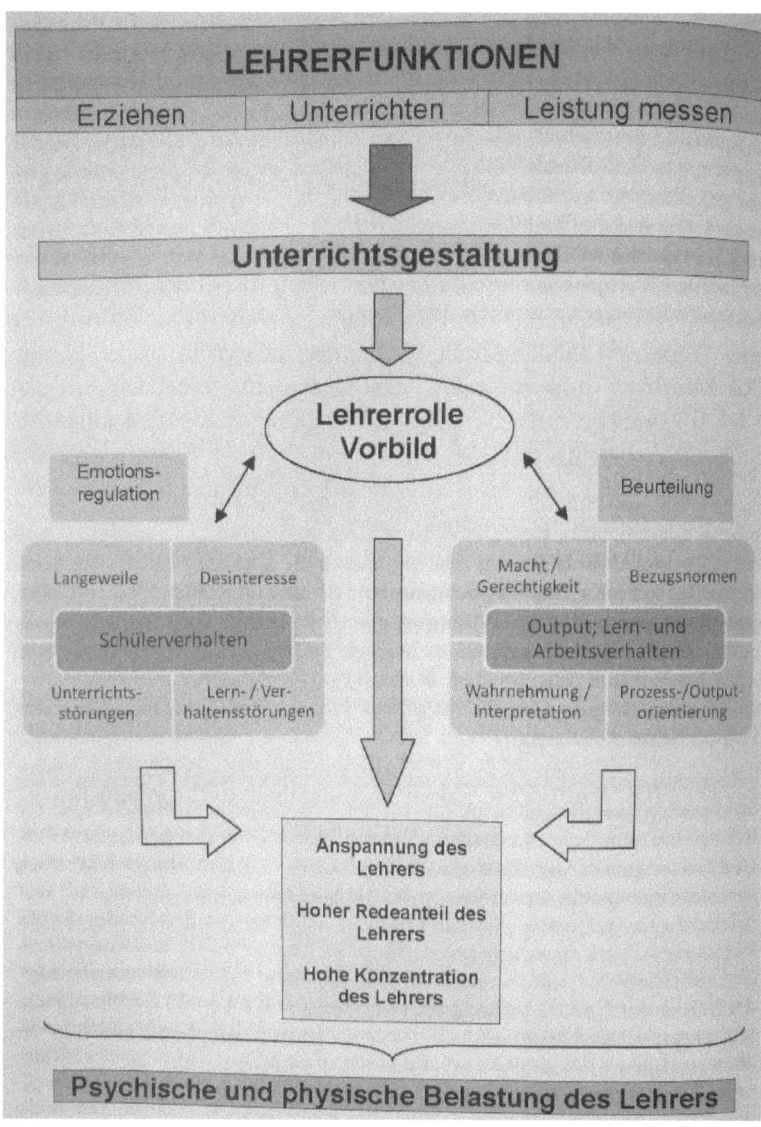

Abbildung 9: Belastungen im lehrerzentrierten Unterricht[104]

---

104 Abb.10: Schmalenbach, Jan: Entlastung im Unterricht, a.a.O., S. 124.

Um diese möglichen Belastungen zu vermeiden, ist es notwendig, eine Veränderung des Rollenverhältnisses, des Unterrichts und der Beurteilungspraxis zu erwägen. Ein dafür geeignetes Vorgehen sowie ein zentrales Kennzeichen für zeitgemäßen Unterricht ist die Schülerorientierung. Dabei vertraut die Lehrkraft den Fähigkeiten und Fertigkeiten der Schülerinnen und Schülern und übergibt ihnen somit eine Teilverantwortung für ihren eignen Lernprozess. Langfristig gesehen fördert der schülerorientierte Unterricht Selbsttätigkeit und Selbstständigkeit. Pausenlos Verantwortung zu übernehmen führt bei den meisten Lehrkräften zu Anspannung und Belastung. Die Weitergabe von Aufgaben und Prozessen an die Schüler kann den Lehrer in seiner Planung, Durchführung und Reflexion des Unterrichts erheblich entlasten. Auch im Prozess der Leistungsbeurteilung und -bewertung sollten sich die Schüler beteiligen. Dabei sollen die Schüler auf langfristige Sicht ihr Arbeits- und Lernverhalten reflektieren und dadurch ihre eigene Leistung selbstständig einschätzen können.[105]

Bei der Schülerselbstbeurteilung geht es allerdings nicht nur darum, dass sich die Schülerinnen und Schüler einfach Noten geben, sondern sich auch um ihre einzelnen Tätigkeiten und um die Reflexion ihrer Leistungen kümmern. Laut Schmalenbach ist die Schülerselbstbeurteilung „eine aktive Tätigkeit der Schüler, die sie am Bewertungs- und Beurteilungsprozess ihrer eigenen Leistungen beteiligt. Die Schüler reflektieren dabei ihren individuellen Lernprozess, ihr Arbeits-, Sozial- und Lernverhalten und schätzen anschließend ihre eigenen Leistungen anhand von bekannten – im Idealfall selbst entwickelten – Kriterien bzw. Indikatoren ein".[106] Um die Schülerinnen und Schüler bei ihrer Reflexion und Selbsteinschätzung zu unterstützen, benutzt die Lehrkraft im Idealfall einen Selbstbeurteilungsbogen als Hilfsmittel. Dieser kann u. a. Fragen zur Arbeitszeit, zu mögliche Schwierigkeiten, zu Stärken und Schwächen, zu notwendigen Hilfen etc. beinhalten. Durch diesen Bogen können die Schülerinnen und Schüler ihre individuellen Stärken und Schwächen besser einschätzen und sich damit zielorientiert auseinandersetzen. Dies bedeutet jedoch nicht, dass sich die Lehrkraft aus der Bewertung und Benotung gänz-

---

105 Vgl.: Ebd., S. 125f.
106 Ebd., S. 127.

lich herausnimmt. Die Lehrperson muss den Arbeitsprozess weiterhin beobachten und gegebenenfalls mit Ergänzungen kooperativ einschreiten. Durch dieses Vorgehen erreicht der einzelne Schüler nicht nur, wie oben bereits erwähnt, Selbstständigkeit und Selbstvertrauen, sondern auch ein eigenständig aufgebautes Selbst-Konzept, welches wiederum zu mehr Motivation und Selbstkritik führt. Die Folge dessen ist ein selbst initiiertes Lernen. Folgende Abbildung verdeutlicht dieses Vorgehen:

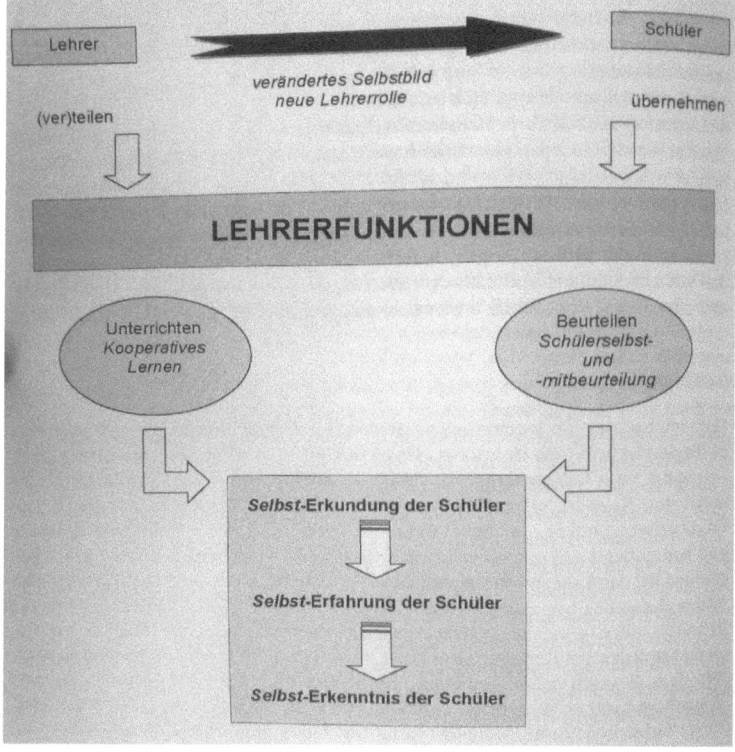

Abbildung 10: Konsequenzen eines neuen Selbstverständnisses des Lehrers[107]

---

107 Abb.11: Ebd., S. 136.

Die Schülerselbstbeurteilung führt somit zu einer Erleichterung der Analyse von Lern- und Lehrprozessen und der Optimierung des Unterrichtsgeschehens. Sie gibt der Lehrkraft zusätzlich weitere Informationen für die Notengebung und ermöglicht eine bessere zielorientierte, individuelle Förderung. Die Belastung der ungerechten Benotung seitens der Lehrkraft fällt somit weg. Dementsprechend führt dies zu einer Entlastung. Der Ablauf bis zu dieser Entlastung wird in folgender Abbildung vereinfacht dargestellt:

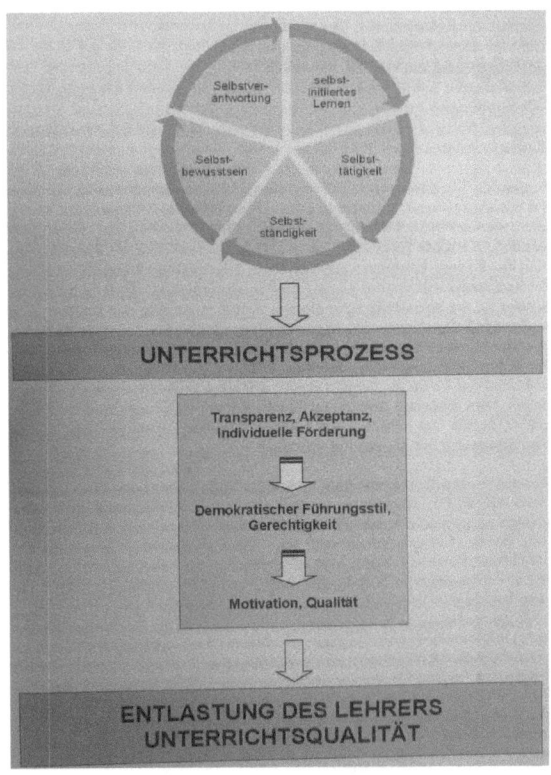

Abbildung 11: Langfristige Konsequenz einer veränderten Unterrichts- und Bewertungspraxis[108]

---

108 Abb.12: Ebd., S. 137.

Zusammenfassend ist die Lehrkraft beim Schülerselbstbeurteilungsverfahren ein demokratischer „Architekt" der Lern- und Sozialprozesse, der sich nur indirekt in die Arbeits- und Bewertungsprozesse einmischt und nur in bedingten Fällen Hilfestellung leistet. Durch das Vertrauen, das an die Schülerinnen und Schüler weitergegeben wird, steigern sich der Mut und die Fähigkeit der Individuen, sich selbst wiederholend herauszufordern. Die steigende intrinsische Motivation der Schülerinnen und Schüler wirkt sich bei der Entlastung der Lehrkraft positiv aus. Letztendlich kommt es der Lehrkraft und den Schülern zugute, wenn die Verantwortung im Schulalltag und Unterricht geteilt wird.[109]

5.2.3 Leichter Unterrichten

Dass Lehrerinnen und Lehrer häufig den Fehler machen, den Unterricht allein gestalten zu müssen, wurde schon mehrmals verdeutlicht. Darunter zählen auch Fragen stellen, Tafelanschriebe, Vorlesen, Organisatorisches, usw. Spätestens mit der neueren, moderneren Pädagogik, beispielsweise durch Maria Montessori (1870-1952), hat sich das Lehrerbild und dessen Verantwortung geändert. Die Lehrkraft muss für einen erholsamen Unterricht die Verantwortung an die Schüler weitergeben. Die dadurch entstehende Selbsttätigkeit ist ein wichtiges Prinzip für einen guten Unterricht. Resultierend muss sich dadurch auch die Lehrerrolle verändern. Die Lehrkraft nimmt somit die neue Rolle des Moderators, des Beraters, des Helfers, des Coaches etc. ein. Hilfreich bei der Umsetzung ist, wenn die Lehrkraft täglich ihre Aktivitäten und Vorgehensweisen notiert und sich danach Gedanken macht, welche Aufgaben sie an die Schülerschaft hätte weitergeben können.

Der Lernerfolg der Lernenden steht für die Lehrkraft im Unterricht im Fokus. Dieser geschieht am besten durch entlastete Pädagogen, die eine gestimmte Abwechslung der Lernmethoden, Medien und Sozialformen anwenden. Leichter zu unterrichten bedeutet auch, dass die Lehrerinnen und Lehrer ihre eigene Rolle einnehmen. Dies dient auch der Selbstsicherheit und verbessert das Auftreten der Lehrperson. Es werden in der Literatur drei Lehrerrollen unterschieden. Die erste Rol-

---

109 Vgl.: Ebd., S. 127ff.

le ist der „Kommunikator", der sein Bemühen auf die Persönlichkeits- und Beziehungsebene fokussiert. Die zweite ist der „Wissenschaftler", bei der die Vermittlung von Fachwissen im Mittelpunkt steht. Die dritte Rolle nimmt der „Ordnungshüter" ein. Dieser stellt Regeln und Ordnung im Unterricht, in der Schule und im Schulalltag in den Fokus und achtet auf Disziplin. Gute Lehrkräfte sollten sich über ihre eigene Rolle klar werden und diese nicht mit anderen vermischen, da sonst eine gewisse Verwirrung bei den Schülerinnen und Schülern entsteht, was in Unruhe enden wird.

Eine weitere Gefahr, die zu einer hohen Arbeitsbelastung führen kann, sind Gefühle wie Ängste, Negativität oder ein zu hohes Maß an Empathie. Versagensängste, Konfliktängste, Existenzängste, Strafängste, notorische Ängste u.v.m. sind keine Seltenheit im Lehrerberuf. Gerade dann, wenn die Ängste nicht wahrgenommen werden, wird es auf langfristige Sicht gefährlich für die Lehrkraft. Deshalb ist es wichtig, daran zu arbeiten und in Gesprächen mit Kollegen oder den Schülerinnen und Schülern offen damit umzugehen. Hilfreich wäre hierbei die Methode des Morgenkreises in der Klasse. Dabei darf allerdings keine Negativität entstehen bzw. diese verarbeitet werden. Nur wenn eine vorherrschende Negativität im Individuum oder in der Gemeinschaft beseitigt wird, kommt es auch nicht zu weiteren Hemmungen der Motivation, des Engagements oder der Selbstsicherheit. Weiter ist Empathie ein wichtiger Faktor in sozialen Berufen. Allerdings sollte das „Hineinversetzen" in die Schülerinnen und Schüler nicht übermäßig geschehen. Eine gewisse Distanz sollte stets vorhanden sein.

Der letzte Punkt, der einen leichteren Unterricht unterstützt und gestaltet, ist die Verwendung von Ritualen. Es gibt viele Möglichkeiten, Rituale im Unterricht anzuwenden. Ein mögliches Beispiel wäre eine Glocke, die bei zu hoher Klassenlautstärke zum Ertönen gebracht wird. Ein weiteres, bereits erwähntes Beispiel, wäre der Morgenkreis um Gespräche zu führen, Dinge zu klären oder eine Rückmeldung zu erfahren. Da alle Rituale die Schülerschaft und die Lehrkraft betreffen, sollten diese auch stets gemeinsam besprochen, entwickelt und durchgeführt werden.[110]

---

110 Vgl.: Hammer, Wolfgang/Vogt, Peter: Gesund im Lehrerberuf, a.a.O., S. 79ff.

5.3. Entspannungstechniken

Schulischer Stress und Anspannung sind stark miteinander verbunden. Deshalb ist es umso wichtiger, dass Lehrerinnen und Lehrer Entspannungstechniken als Gegenreaktion beherrschen. Entspannung kann dabei als Bewältigungsstrategie für Stresserleben herangezogen werden. Kleinere Entspannungsübungen sind gut geeignet, um kurzfristige Anspannungssituationen oder Gefühle zu meistern. Gleichermaßen sind regelmäßige Übungen, auf langfristiger Zeit gesehen, entlastender und beugen möglichen späteren Anspannungssituationen besser vor. Nur wenn es den Lehrkräften gelingt, einen Entlastungsmoment gegen die jeweiligen Situationen zu schaffen und nicht an die Belastbarkeitsgrenze zu geraten, können die Lehrkräfte ihre Krafteinteilung, Gedanken, ihr Handeln und ihren Einfluss kontrollieren. Jedoch muss erwähnt werden, dass die gängigen Entspannungsmethoden zwar zu einer Stressminderung führen können, aber um eine langfristige Verbesserung zu erhalten, auch auf andere Methoden zurückgegriffen werden kann.

In den folgenden Punkten werden die gängigsten und bekanntesten Sofortmaßnahmen in einer akuten Stresssituation vorgestellt. Diese Maßnahmen können für kurzfristige sowie auch für langfristige Besserung angewandt werden. Sie dienen somit auch der Prävention und Intervention von Burnout-Erkrankungen.

5.3.1 Autogenes Training

Beim autogenen Training handelt es sich um eine einfach zu praktizierende Selbsthilfemethode, die mit einem geringen Zeitaufwand die körperlichen, seelischen und geistigen Fähigkeiten dem Anwender aufrechterhalten oder wiederherstellen. Dadurch kann auch eine bestehende Burnout-Erkrankung gemindert werden.[111] Ziel des autogenen Trainings ist die Selbstentspannung und Beruhigung des vegetati-

---

111 Vgl.: Derbolowsky, Jakob: Autogenes Training. Eine psychopädische Modifikation zur Beseitigung des „Burn-out"-Syndroms, in: Mayer, Ernst: Burnout und Stress. Praxismodelle zur Bewältigung. Schneider-Verlag. Göttingen 1991, S. 135.

ven Nervensystems. Ebenso dient sie zur erholsamen Distanzierung von Problemen im Berufsalltag und baut Stresssymptome ab.[112]

Das autogene Training zu erlernen ist relativ schwierig und dauert mehrere Wochen. Deshalb sollte bei Beginn dieser Trainingsart ein Fachmann zu Hilfe genommenwerden. Die Basis eines autogenen Trainings besteht aus Übungen, die zu einer bewussten Körperwahrnehmung befähigen. Diese wird durch folgende Schritte erreicht:

- Schwereübungen (dienen derGefäßmuskulatur und fördern damit die Durchblutung)
- Arme- und Herzübungen (dienen der Beobachtung dieser biologisch gesteuerten gleichmäßigen Rhythmen)
- Sonnengeflechtsübungen (dienen der Beobachtung des Magens und Darms)
- Stirnkühleübungen (dienen der Eingrenzung der Entspannung auf den Körper)[113]

Diese Übungen werden durch bestimmte Aussagen und Formeln ausgeübt. Ein Beispiel für eine solche Formel wäre: „Der rechte Armt ist ganz schwer und entspannt". Je öfter die Übungen wiederholt werden, umso besser die Wirkung der einzelnen Übungen auf den Körper und das seelische Befinden.

5.3.2 Progressive Muskelrelaxation (nach Jacobsen)

Die progressive Muskelrelaxation gilt als eine einfach erlernbare und durchführbare Methode um durch An- und Entspannung bestimmter Muskelgruppen von Kopf bis Fuß Muskelspannungen zu beseitigen. Als der Begründer der progressiven Muskelentspannung gilt der amerikanische Physiologe Edmund Jacobson (1885-1976). Seine Entdeckung in den 1920er Jahren, dass sich durch Gefühle der Unruhe oder Erregungen die Muskelspannung erheblich erhöht und welche Risiken damit verbunden sind, war eine Sensation. Resultierend entwickelte er ein Prinzip, welches durch Anspannung und Entspannung mehrerer Muskelgruppen zu einer verbreiteten Entspannung im ganzen Körper

---

112 Vgl.: Urbutt, Anne: Belastungen im Lehrerberuf, a.a.O., S. 37.
113 Ebd., S. 38.

führt. Dadurch wird Stress abgebaut, der Blutdruck sinkt, Pulsschlag und Darmtätigkeit werden reduziert und die Atmung wird ruhiger.[114]

Ziel der progressiven Muskelrelaxation ist also, durch die Entspannung des ganzen Körpers ein Gefühl der Ruhe und Ausgeglichenheit zu schaffen. Zusätzlich können dadurch Spannungszustände im Körper besser wahrgenommen und somit auch behandelt werden. Dadurch kann auch auf Stressauslöser besser reagiert werden.

Die Übungen werden im Liegen oder in einer angenehmen Sitzposition ausgeführt. Die Anspannung mit kurzem Innehalten und dem folgenden Lockerlassen werden beginnend mit der rechten Hand, über die Arme, Gesicht, Nacken, Rücken, Bauch bis an die Beine und Füße durchgeführt. [115] Nach einer 5-sekündigen Anspannungsphase folgt immer eine 10-sekündige Entspannungsphase. Dies kann wie folgt ausgeführt werden:

1. Rechte Faust ballen. Fünf Sekunden halten. Zehn Sekunden Entspannung genießen.
2. Ebenso mit der linken Faust – dann Entspannung
3. Oberarmmuskeln (Bizeps) im rechten Winkel anspannen – Entspannung
4. Unterarmmuskeln (Trizeps) anspannen – Entspannung
5. Stirn runzeln, Augen weit öffnen – Entspannung
6. Augenbrauen zusammenziehen – Entspannung
7. Augen fest zusammenkneifen – Entspannung
8. Lippen aufeinanderpressen ohne die Zähne zusammenzubeißen – Entspannung
9. Zunge gegen den Gaumen drücken – Entspannung
10. Zähne zusammenbeißen – Entspannung
11. Den Nacken anspannen – Entspannung
12. Kinn fest auf die Brust pressen – Entspannung
13. Schulter bis zu den Ohren hochziehen – Entspannung
14. Schulterblätter nach hinten drücken – Entspannung

---

114 Vgl.: Neurologen und Psychiater im Netz: URL: https://www.neurologen-und-psychiater-im-netz.org/psychiatrie-psychosomatik-psychotherapie/therapie/entspannungsverfahren/progressive-muskelentspannung/#c53=, (entnommen am 05.07.2017).
115 Vgl.: Urbutt, Anne: Belastungen im Lehrerberuf, a.a.O., S. 38f.

15. Tief einatmen bis sich der Brustkorb wölbt – Ausatmen und Entspannung
16. Bauch hinausdrücken – Entspannung
17. Liegend ein Hohlkreuz machen und Gesäßmuskel anspannen – Entspannung
18. Unterschenkel anspannen – Entspannung
19. Füße nach oben dehnen – Entspannung

Die Aufmerksamkeit sollte dabei immer auf die jeweilige Muskeltätigkeit gerichtet sein. Der Person sollte währenddessen bewusst werden, welche Spannungen normal und welche überhöht sind. Auf diese Weise sollte ein „Loslassen" entstehen. In der folgenden Abbildung werden weitere unterschiedliche Übungen zum Selbermachen dargestellt.

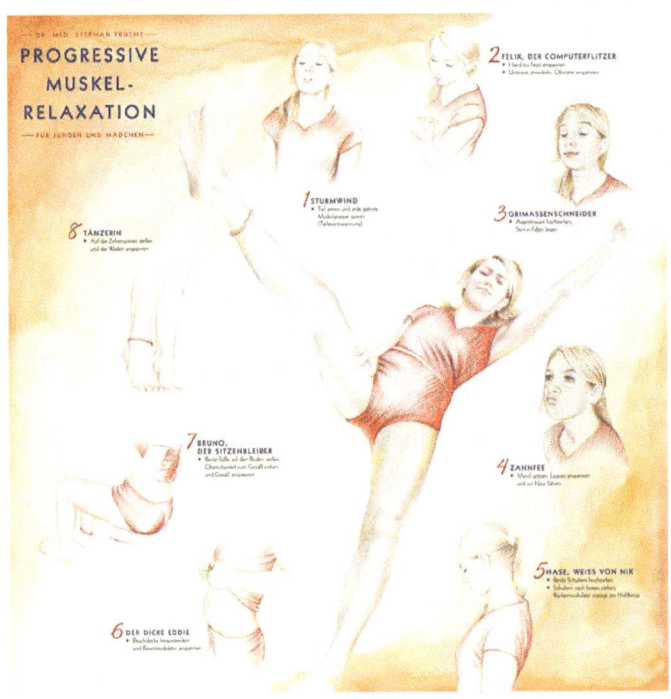

Abbildung 12: Progressive Muskelrelaxation[116]

116

5.3.3 Yoga

Yoga verbreitet sich immer mehr als angewandte Entspannungstechnik für Körper, Geist und Seele in unserer Gesellschaft. Ursprünglich stammt der Yoga aus Indien und bedeutet vom Wortstamm „yui" her „unters Joch nehmen" bzw. den Geist sammeln oder in Meditation vertieft sein. Die Körperübungen (Asanas), die beim Yoga durchgeführt werden, sollen nicht nur die geistige und körperliche Beweglichkeit aufrechterhalten oder verbessern, sondern auch eine „innere Reinigung" erzielen. Yoga beinhaltet ebenso auch Meditations- und Atemübungen, die ein verbessertes Körperbewusstsein, verbesserte Atmung, zunehmende Konzentrationsfähigkeit, Stressabbau und Kräftigung des Nerven- und Hormonsystems erzielen.[117]

Es gibt mehrere Ausprägungsformen des Yoga wie z.B. Jnana-Yoga, Bhakti-Yoga, Raja-Yoga, Karma-Yoga, Integraler Yoga und Tantra-Yoga. Um schmerzhafte Verspannungen, mangelnde Durchblutung und Gelenkproblemen entgegenzuwirken, wird meist die bekannteste Yoga-Art Hatha-Yoga angewandt. Diese Art verfolgt bei der Durchführung eine aktive und bewusste Entspannung. Die folgende Abbildung zeigt beispielhafte Körperübungen, die bei Hatha-Yoga durchgeführt werden.

Abb.13: Audiobite.de URL: http://www.audiobite.com/verlag/images/kinderjakob poster.jpg (entnommen am 05.07.2017).
117 Vgl.: Urbutt, Anne: Belastungen im Lehrerberuf, a.a.O., S. 40.

Abbildung 13: Yoga-Übungen[118]

Neben Yoga gibt es auch noch andere Lehren zu Entspannungstechniken. Meist sind diese in dem asiatischen Raum verwurzelt. Hier kann als Beispiel das ebenso bekannte Tai Chi angesprochen werden. Diese Übungen arbeiten, wie im Yoga auch, mit Körperhaltung, Atmung und Bewegungen und betonen eine optimale Steuerung des Energieflusses einer Person. Diese Methode kann ebenfalls als Burnout-Prophylaxe hilfreich sein. Diese Übungen werden meist zu Beginn in Gruppen und Kurse gelehrt, die nach und nach selbstständig und eigenverantwortlich durchgeführt werden können.

Den Herausforderungen, denen Lehrkräfte sich täglich stellen müssen und die dafür optimalen Entscheidungen und Verhaltensmöglichkeiten in unterschiedlichen Unterrichtssituationen zu ergreifen, können durch Körper- und Geistübungen besser gemeistert werden. Yoga hilft hierbei zu einem wahrnehmungsfördernden und harmonisierenden Weg innerhalb des Schulalltags.

---

118 Abb.14: Yoga-Vidya: URL: https://www.yoga-vidya.de/yoga-anfaenger/yoga-uebungen/ (entnommen am 07.07.2017).

5.3.4 Körperübungen

Sitzen

Für die körperliche Gesundheit ist eine richtige und schonende Körperhaltung, egal ob im Sitzen oder im Stehen, enorm wichtig. Im Sitzen sollte man darauf achten, dass die Stellung des Kopfes richtig ist und die Knie auseinanderklaffen. Das Gesäß sollte dabei stets die ganze Sitzfläche einnehmen. Da viele Personen in der heutigen Zeit an einer akuten Haltungsstörung leiden, ist es umso wichtiger, frühzeitig daran zu arbeiten. Zu Beginn wird die Veränderung zur richtigen Haltung noch sehr ungewohnt sein und vielleicht auch vereinzelt zu Verspannungen führen. Das Gefühl und die Gewohnheit des richtigen ergonomischen Sitzens muss dabei erst entstehen. In den folgenden Abbildungen werden Beispiele für richtiges und falsches Sitzverhalten dargestellt.

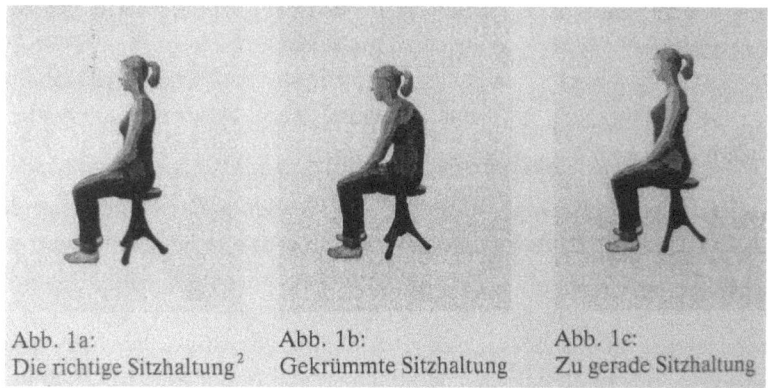

Abb. 1a: Die richtige Sitzhaltung[2]　Abb. 1b: Gekrümmte Sitzhaltung　Abb. 1c: Zu gerade Sitzhaltung

Abbildung 14: Richtige Sitzhaltung[119]

Stehen und Strecken

Um ein angenehmes Stehen zu ermöglichen, gibt es unterschiedliche Übungen. Die folgende Abbildung zeigt eine davon. Die letzten zwei Abbildungen sind beide Körperkontrollübungen, die überall leicht

---

119 Abb.15: Hammer, Wolfgang/Vogt, Peter: Gesund im Lehrerberuf, a.a.O., S. 26.

durchzuführen sind. Diese helfen dabei, muskuläre Verspannungen erst einmal zu erkennen und danach zu mindern.

Bei der Übung steht man ca. 15 Zentimeter von der Wand entfernt mit ca. 25 Zentimeter weit gespreizten Beinen. Nun werden das Gesäß und die Schulter an die Wand gelehnt, damit eine aufrechte Haltung des Rückens entsteht. Danach wird der Körper so gelenkt, dass kein Hohlkreuz mehr da ist und der ganze Rücken an der Wand liegt. Das körperliche Gleichgewicht wird somit erreicht und trainiert.

Abbildung 15: Richtiges Stehverhalten[120]

Lehrerinnen und Lehrer, aber auch Angehörige anderer Berufe, in denen man viel sitzt, neigen dazu, sich durch das viele Sitzen zu krümmen und eine bucklige Haltung einzunehmen. Zum Ausgleich dienen hierbei einfache und gewöhnliche Streckübungen. Für den ganzen Rücken eignet sich die Streckweise des „Sonnengrußes", bei dem man sich groß macht, die Hände nach oben streckt und sich leicht nach hinten beugt. Eine Entlastung des Rückens ist sofort spürbar.

Bewegung und Sport

Der Mensch ist an sich ein Bewegungswesen. Deshalb ist viel Bewegung gesund für den menschlichen Körper und Geist. Regelmäßige Bewegung oder Sport senkt die Häufigkeit körperlicher Beschwerden wie z.B. Herz-, Atem-, und Kreislaufschwächen. Gleichzeitig fördert es

---

120   Abb.: Ebd., S. 27.

das Immunsystem und stabilisiert das Körpergewicht. Zusätzlich werden Stress, Aggressionen und negative Stimmungen abgebaut und der Geist ins seelische Gleichgewicht gebracht. Bewegung und Sport fördert nicht nur den eigenen Körper und Geist, sondern begünstigt auch zwischenmenschliche Kontakte.

Viele Menschen schieben ihre wenige Bewegung oder Sport auf den zeitlichen Faktor. Nur selten wird die eigene Trägheit hierbei bestätigt oder zugegeben. Schon bereits ein schneller halbstündiger Spaziergang täglich oder ein etwas längerer jeden zweiten Tag kann einen positiven Beitrag zur Gesundheit leisten. Ebenso effektiv sind Radfahren, Wandern, Schwimmen, Skilaufen u.a. Die Bewegung im Freien sollte dabei bevorzugt werden, da diese die Qualität des Nachtschlafes verbessert. Die frische Luft im Freien hilft zudem, bewusst aufgenommen, mentale Ruhe zu bringen. Einen aktiven Sport kann man zudem in Vereinen oder Fitness-Studios durchführen. Die richtige Handhabung und Durchführung der Übungen werden vor Ort meist richtig erklärt und betreut.

5.3.5 MBSR – Achtsamkeit

Die Achtsamkeitsbasierte Stressreduktion (Mindfulness-Based Stress Reduction – MBSR), umgangssprachlich auch nur „Achtsamkeit", ist eine von Jon Kabat-Zinn in den 1970er Jahren entwickelte Methode für Stressbewältigung, die das Ziel durch eine Verbesserung und Schulung der Achtsamkeit erreichen soll. Dazu werden unterschiedliche Meditationsformen, körperzentrierte Aufmerksamkeitsübungen und Bewegungsübungen gezählt.[121] Achtsamkeit kann präventiv und intervenierend durchgeführt und angewandt werden. Heute wirkt der Begriff der Achtsamkeit durch seinen undifferenzierten Gebrauch etwas abgegriffen und entwertet. Allerdings hat sich die Wirkung und Haltung der Achtsamkeit über Jahrzehnte gehalten. Kabat-Zinn beschreibt seine Methode wie folgt:

> „Im Grunde ist Achtsamkeit ein ziemlich einfaches Konzept. Seine Kraft liegt in der praktischen Umsetzung und Anwendung. Achtsamkeit be-

---

[121] Vgl.: Döring-Seipel, Elke/Dauber, Heinrich: Was Lehrerinnen und Lehrer gesund hält, a.a.O., S. 45.

inhaltet, auf eine bestimmte Art aufmerksam zu sein: bewusst im gegenwärtigen Augenblick und ohne zu beurteilen."[122]
Die Achtsamkeit verfolgt also eine aktive Lenkung der Aufmerksamkeit, die zur Selbstwahrnehmung und Selbstreflexion der Menschen sowie einer genauen Sinneswahrnehmung befähigen soll. Der Mensch soll also bewusst den gegenwärtigen Augenblick wahrnehmen.[123] Achtsamkeitsmethoden schulen also die Aufmerksamkeit für aktuelle, gegenwärtig stattfindende Ereignisse, wobei die innere Wahrnehmung im Fokus liegt.

Eine steigende Anzahl von Studien hat in den letzten Jahren immer wieder positive Ergebnisse im Zusammenhang mitGesundheit und Achtsamkeitspraxis gebracht Diese gewonnenen Erkenntnisse zeigen die Wirksamkeit einer psychologischen Veränderung durch eine strukturierte Praxis von Achtsamkeit. Dabei sind reduzierte Kortisolkonzentrationen im Plasma und Speichel, reduzierter Blutdruck, verstärkte Immunaktivitäten, vermehrte Hirnaktivität nur wenige Beispiele und Erfolge von Achtsamkeit.[124]

AISCHU – Achtsamkeit in der Schule

Die Achtsamkeit in der Schule, auch „AISCHU" genannt, ist ein von Vera Kaltwasser entwickeltes curriculares Angebot für eine umgesetzte Achtsamkeit im schulischen Alltag. Das AISCHU verfolgt die Ziele, Verbindungen zwischen den schulischen Angeboten zu schaffen und die Entfaltung der eigenen Persönlichkeit zu unterstützen. Der Begriff AISCHU selbst soll das Rahmen-Curriculum für festgelegte Phasen betiteln, die aufeinander aufbauend folgen und den gegebenen Lernvorausetzungen angepasst werden. Bei AISCHU geht es um die Etablierung einer Haltung in der Schule und nicht um eine abgezirkelte Modulsammlung. Für die AISCHU müssen jedoch bestimmte Voraussetzungen für den Erfolg gegeben sein. Die erste Voraussetzung betrifft die Lehrkraft. Diese muss eine verlässliche und kundige Haltung ein-

---

122 Kaltwasser, Vera: Achtsamkeit in der Schule. Stille-Insel im Unterricht: Entspannung und Konzentration. Beltz-Verlag. Weinheim 2008, S. 45.
123 Vgl.: Ebd., S. 46.
124 Vgl.: Döring-Seipel, Elke/Dauber, Heinrich: Was Lehrerinnen und Lehrer gesund hält, a.a.O., S. 47.

nehmen. Die zweite Voraussetzung betrifft die Schülerinnen und Schüler, die ihre Arbeitsweisen so in den Unterricht einbinden sollen, dass die Gründe einer Übung ihnen bewusst sind. Die Integration von Achtsamkeit im Schulalltag und eine kontinuierliche Arbeit stellen die dritte Voraussetzung dar.

Nach Kaltwasser ist die Achtsamkeit in der Schule ein weites Feld, welches in jede Phase oder Situation im Unterricht oder Schulalltag eingegliedert werden kann. Beispiele für Arbeitsfelder nennt sie einige und nutzt für viele einzelne Überbegriffe, die sich wiederum in einzelne Unterpunkte aufsplitten lassen. Hierzu zählen u.a. die Überpunkte Auftakt und Motivation, Abenteuer Atem, Körperhaltung, Mimik, Emotionen, Achtsames Bewegen, Innenwelt wahrnehmen, Einfluss nehmen, persönliche Haltung erkunden, Freude als Ressource, Self-Compassion, Mitgefühl, Achtsamer Dialog, weitgestellte Wahrnehmung, Achtsames Schreiben und Achtsamer Alltag. Einige der aufgezählten Punkte wurden zu einem früheren Zeitpunkt dieser Arbeit bereits erläutert. Um trotzdem zwei Unterpunkte als Beispiel heranzunehmen, werden im folgenden Abschnitt mit dem Punkt Achtsamer Alltag die Themen achtsamer Umgang mit dem Smartphone und achtsamer Umgang mit Gewohnheiten vorgestellt.[125]

Achtsamer Umgang mit dem Smartphone

Der Zustand unserer Schülerinnen und Schüler entwicklet sich immer mehr hin zu kürzeren Sinneinheiten, was ein Resultat des ständigen Abgelenktseins und der pausenlosen Unterbrechungen ist. Dieses über Jahre hin antrainierte Aufmerksamkeitsdefizit treibt uns langfristig gesehen immer mehr an unsere kognitive Belastungsgrenze. Es beeinflusst unsere Produktivität und zerstört möglicherweise unser Lebensglück. Einige Wissenschaftler sprechen bereits von einem „Digitalen Burnout", der jüngere und ältere Menschen, also auch Schülerinnen, Schüler und Lehrkräfte betreffen kann. Neben der Ablenkung und Zerstreuung, welche das Smartphone auslöst, ist der Faktor der emotionalen Ladung ebenso fragwürdig. Beziehungen und soziale Kontak-

---

[125] Vgl.: Kaltwasser, Vera: Praxisbuch Achtsamkeit in der Schule. Selbstregulation und Beziehungsfähigkeit als Basis von Bildung. Beltz-Verlag. Weinheim 2016, S. 45f.

te im virtuellen Leben können leicht durch „Likes" oder ein „Nicht zurückgeschrieben" beeinflusst werden, was enorme zwischenmenschliche Folgen für die Beteiligten hat. Für Personen, die daran „leiden", bzw. nicht mehr mit ihrem Smartphonekonsum umgehen können, helfen keine Moralpredigten oder Verbote, sondern sie benötigen Hilfe zur Selbstermächtigung. Eine generelle „Verteufelung" des Smartphones sollte allerdings vermieden werden, da diese Geräte wie weitere elektronische Medien auch für uns einen Nutzen bringen. Schüler und Lehrkräfte, die in der Achtsamkeit geschult sind und ihre aktuelle Situation wahrnehmen, die auf den Geschmack von echten Beziehungen kommen und echte Gefühle spüren, können die emotionale Ladung (oder emotionale Sucht) der virtuellen Welt verringern.

Durch Achtsamkeitsübungen und die Informationen der Psychoedukation sind die betroffenen Personen in der Lage, zu erkennen, was für ein Reiz in der jeweiligen Situation ausgelöst wird und lernen diesen bewusst zu steuern. Als Beispiel kann hier ein klingelndes Smartphone herangezogen werden. Eine Vielzahl an Selbstversuchen kann dabei helfen, eine mögliche Beeinträchtigung durch das Smartphone zu erkennen. Erkennbar sind mögliche Gefahrensignale wie Stress und/oder Ängste. Gründe für das ständige Nutzen des Smartphones wie Neugierde, Bestätigung und Beliebtheit testen, Angst vor Ablehnung und Ausgrenzung, Informationsbedürfnis, SMS, Mails, Telefonate oder Unterhaltungen werden durch den Selbsttest herausgefiltert und selbst erkannt.

Achtsamer Umgang mit Gewohnheiten

Schnell schleichen sich Gewohnheiten beim Menschen ein. Diese werden wie von einem Autopiloten gesteuert und ohne hohe Aufmerksamkeit erlebt. Egal ob es eine positive oder negative Gewohnheit ist, es sollten stets Denk- und Fühlanstöße vorhanden sein. Gerade bei einer Sucht, wie z.B. dem Rauchen, kann eine genaue Achtsamkeit bei der Prävention und Intervention sehr gute Erfolge verbuchen. Aber auch kleinere, alltäglichere Gewohnheiten können von allen Personen bewusster wahrgenommen werden. Dazu zählt achtsames Essen (eine Mahlzeit bewusst zu sich nehmen, den gedeckten Tisch, Farben Formen etc. wahrnehmen), Alltagstätigkeiten achtsam ausführen (Duschen, Zähneputzen etc.) oder was ganz anderes machen als sonst. Die

Lehrkraft kann die Gewohnheiten der Schülerinnen und Schüler so unterbrechen, indem sie einfach mal selbst entsprechende Aufgaben erfindet.[126]

Fazit

Achtsamkeit und dessen Anwendung kann zur einer Entwicklung der Fähigkeit für Selbstfürsorge und Selbsterkenntnis beitragen. Mehrere Studien und Untersuchungen haben bewiesen, dass Achtsamkeit eine nachgewiesene Wirkung auf therapeutische Prä- und Interventionen hat und somit der Gesunderhaltung dient. Da gerade Lehrerinnen und Lehrer in einem hohen Maß psychomentalen Anforderungen ausgesetzt sind, kann die Achtsamkeit eine geeignete Widerstandsressource darstellen, die den Umgang mit psychosozialen und emotionalen Belastungen unterstützt. Ebenso handelt es sich bei der Achtsamkeit um eine personale Ressource, die durch Weiter- und Fortbildungen entwickelt und aufgebaut werden kann. Weiter kann die Achtsamkeit auch gezielt im pädagogischen Feld eingesetzt werden. Sie kann bei der Gestaltung von Unterricht und sozio-emotionalen Situationen im schulischen oder pädagogischen Kontext wirkungsvoll einbezogen werden. Durch Achtsamkeit kann es den Lehrkräften ebenfalls gelingen, Lernmethoden zu größerer Effektivität zu bringen und die eigenen professionellen Kompetenzen zu steigern.

5.4 Erweiterung der Kompetenzen

Neben der Professionalisierung ist die Erweiterung der bestehenden pädagogischen Kompetenzen durch das Individuum notwendig, um eine wirkungsvolle Auseinandersetzung und ein angemessenes Verhalten im Beruf garantieren zu können. Um zu gewährleisten, dass regelmäßige schwierige Situationen nicht andauernd belastend wirken, müssen von der Lehrkraft soziale und didaktische Kompetenzen stets erweitert werden. Dies kann man durch zielgerichtete Trainings oder Fortbildungen erreicht werden, die Themen wie Konfliktlösestrategien, Gesprächsführung, Zeitmanagement, Unterrichtsgestaltung, neue Un-

---

126 Vgl.: Ebd., S. 227ff.

terrichtsmethoden, Umgang mit schwierigen Schülern oder ähnliches behandeln.

Damit andere Menschen wirkungsvoll bei ihren Lernprozessen unterstützt können, benötigen alle Pädagogen ein spezifisches Handlungsrepertoire. Dieses Repertoire lässt sich in die fünf Bereiche soziale Strukturbildung, Kommunikation, Interaktion, Gestaltung und Hintergrundarbeit aufgliedern. Zu beachten ist, dass die Verfügung dieses Repertoires erst wirksam und somit ein Kennzeichen für Professionalität wird, wenn die Grundlagen für eine richtige Deutung bestimmter Situationen vorhanden sind und die daraus resultierenden pädagogischen Handlungen ergriffen werden. Gleichzeitig sollten dabei die Orientierung an gesellschaftlichen Werten und Zielen sowie die persönlichen Ziele der Lehrenden und Lernenden stets miteinbezogen werden.

Weitere Belastungsbewältigungsmöglichkeiten auf dieser Ebene wären auch die oben genannten Supervisionsgruppen, die auch häufig als Balintgruppen bezeichnet werden. In diesen Gruppen wird durch psychoanalytische Interpretation der Erörterung der Probleme Hilfe angeboten. Als Lösungen werden hierbei meist sportliche Aktivitäten, Zufriedenheitserlebnisse oder Abreaktionen genannt, die einen Ausgleich zur Belastung schaffen sollen. Bei diesen Methoden handelt es sich um palliative Strategien, die allerdings nur eine kurzfristige Erleichterung und Ablenkung vom Problem selbst schaffen. Besonders bei der Abreaktion wie z.B. schimpfen oder mit dem Fuß stampfen sollte man darauf achten, dass man sich nicht selbst oder andere zu Schaden bringt und somit neuen Stress verursacht. Nur eine Erweiterung und Anwendung der individuellen Kompetenzen kann auf mittel- und langfristige Sicht dabei helfen, Belastungen zu kontrollieren und zu vermeiden.[127]

---

[127] Vgl.: Urbutt, Anne: Belastungen im Lehrerberuf, a.a.O., S. 45f.

5.5 Selbsterziehung

Die Innenwelt

Jeder Mensch führt mit seinem Inneren ständig „Gespräche". All unsere Wünsche, Gedanken oder Befürchtungen zwingen die Persönlichkeit, sie zu berücksichtigen. Diese Persönlichkeitsanteile stehen, wenn man es so sehen will, der Außenwelt gegenüber. Die innere „Lage" ist von Person zu Person unterschiedlich. Meist ist das jeweilige Alter einer Lehrkraft dafür ausschlaggebend.

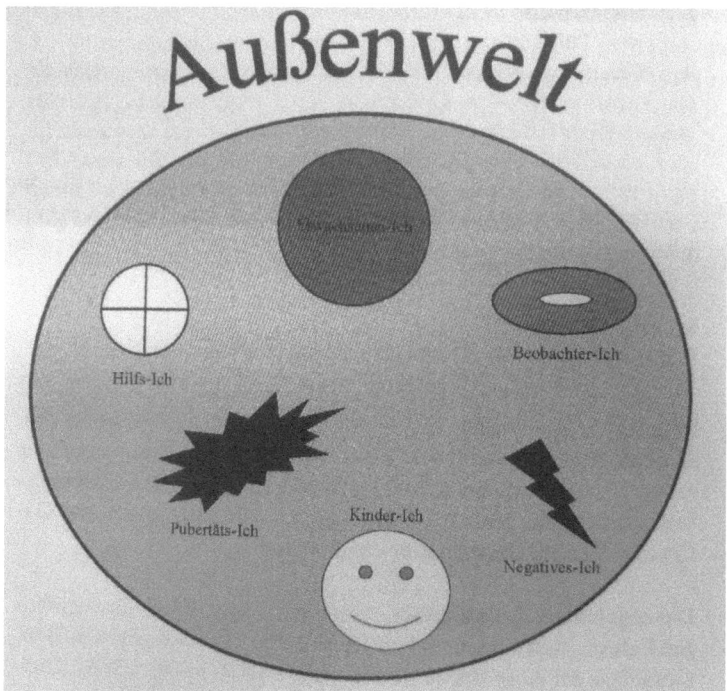

Abbildung 16: *Die inneren Persönlichkeitsanteile*[128]

Die inneren Stimmen werden von Hammer und Vogt in sechs Teile aufgeteilt. Nur wenn alle „Ichs" im Einklang mit der eigenen Persön-

---

128 Abb.17: Hammer, Wolfgang/Vogt, Peter: Gesund im Lehrerberuf, a.a.O., S. 50.

lichkeit und miteinander im Verhältnis stehen, werden unsere Wünsche, Gedanken, Sorgen und Befürchtungen befriedigt bzw. berücksichtigt. Das Resultat dessen ist eine innere „Harmonie" der Persönlichkeit.

Die Wertepyramide

Die Suche nach dem privaten und beruflichen „Vollkommenen" ist bei einer engagierten Lehrkraft mit größten Anstrengungen verbunden. Besonders enttäuschend ist es, wenn dies nicht erreicht wird. Die Diskrepanz zwischen den eigenen Ansprüchen und den tatsächlichen Leistungen lässt manche Lehrkräfte nicht einfach unbeschadet. Zweifel an den eigenen Fähigkeiten könnten entstehen. Deshalb sollte man sich auf das Wichtigste beschränken. Dies würde auch mit sich führen, dass die Qualität der Ansprüche gleich bleiben kann. Das Heranziehen und Ausfüllen einer Wertpyramide kann der Lehrkraft dabei behilflich sein, zu erkennen, worauf diese ihre Schwerpunkte setzen möchte. Gerade gegen mögliche Überforderungsdilemmata kann diese Pyramide hilfreich sein.

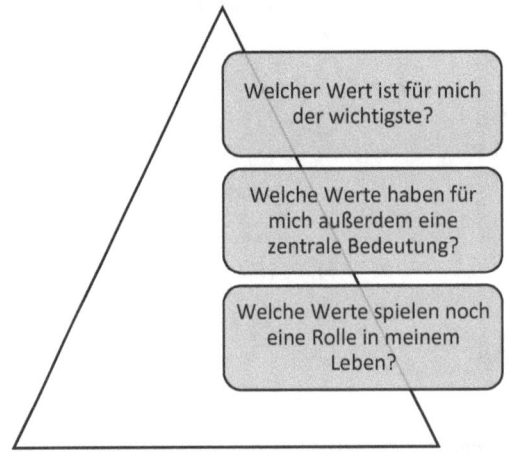

Abbildung 17: Wertepyramide[129]

---

129 Abb.18: Ebd., S. 54.

Essen, Trinken, Rauchen

Eine gesunde Ernährung erhält den Körper und den Geist. Viele Lehrkräfte, vor allem jüngere Lehrkräfte, kompensieren ihren zeitlichen Stress durch kurze Mahlzeiten und schlechte Nahrung. Praktikable Ratschläge wie langsam, bewusst, genussvoll und nicht sättigend essen und mindestens zwei Liter Wasser pro Tag trinken, sollten berücksichtigt werden. Hauptsächlich der übermäßige Konsum von Alkohol und Nikotin zählt zu den weltweit größten Problemen für Gesundheit, Familie, Straßenverkehr und Arbeitswelt. Davon sind auch Lehrkräfte betroffen. Den Lehrerinnen und Lehrern sollte stets bewusst sein, dass sie auch hinsichtlich des Umgangs mit Essen, Trinken oder Rauchen ein Vorbild für ihre Schülerinnen und Schüler darstellen.

Wo nehme ich nur die Zeit her?

„Work-Life-Balance" ist ein Stichwort, das gerade im Lehrerberuf beachtet werden sollte. Da die meisten Lehrkräfte ihre Arbeit nach Hause verlegen und sie dort bearbeiten, kommt es nicht selten zu einer Überlappung des Zeitaufwandes zwischen beruflichem und privatem. Zeitmanagement ist ein wichtiger Bestandteil des Lehrerberufs. Ständige Eile, Stress, erhöhtes Tempo im Alltag etc. werden mit der Zeit zu einem gesundheitlichen Problem. Jede Lehrkraft sollte sich im Klaren darüber sein, wie viel sie zusätzlich zu den Pflichtstunden in die Arbeit investieren möchte. Die durchschnittliche Arbeitszeit einer Lehrkraft beträgt pro Woche zwischen 38-45 Stunden. Diese Zeit kann sich jede Lehrerin und jeder Lehrer als Orientierung heranziehen. Jede gute und sinnvolle Arbeit benötigt trotzdem Ruhepausen. Das Konzept „Work-Life-Balance" beachtet, dass eine stimmige Ausgeglichenheit zwischen Arbeit, Freizeit und Familie gestaltet und geführt wird. Täglich eine Stunde für sich oder das Wochenende für die Familie freizuhalten, kann für die psychische und physische Verfassung einer Lehrkraft von gesundheitlicher Bedeutung sein. Ebenso kann ein Ausgleich zur Arbeitszeit durch Sport oder andere körperliche Betätigung geschaffen werden. Arbeitszeit, Familienzeit und Zeit für sich selbst kann gut durch Tages- oder Wochenpläne gestaltet werden. Ein geeignetes Beispiel, neben dem üblichen tabellarischen Stunden-Tage-Wochen-Plan, kann ein „Zeitkuchen" darstellen, der mit einem „Kuchendiagramm" bei Studien verglichen werden kann. Dieser hilft bei der Planung der beruflichen und privaten Tätigkeiten im Lehrerberuf.

Gedankenstopp

Zu viele Gedanken führen zu Gedankenstürmen, die mit der Zeit zu einem emotionalen „Aufgewühltsein" werden. Diese können, wie bereits oben erwähnt, durch Entspannungstechniken sowie Körperübungen unterbrochen und reduziert werden. Ebenso können diese Übungen für einen geordneten Gedankenfluss hilfreich sein. Um einen Gedankenüberfluss zu vermeiden, sollten gerade junge Lehrerinnen und Lehrer lernen, „Nein" und „Stopp" zu sagen. Gerade am Ende eines Arbeitstages kann das eigene Bewusstwerden, dass man für den heutigen Tag fertig ist, enorm wichtig sein.

Networking

Der Lehrerberuf ist oft gekennzeichnet durch ein gewisses „Einzelkämpfertum". Nicht selten wird das Argument der Einsamkeit als Grund für Burnout angegeben. Jedoch ist eine Lehrperson nicht gezwungen, sich als Einzelkämpfer durchzuschlagen. „Networking" (dt. „Vernetzung") hat das Ziel, das Einzelkämpfertum im Lehrerberuf abzuschaffen und die Gemeinsamkeit aller zu stärken. Die Kasseler und Potsdamer Studien (siehe oben) machten deutlich, dass die Vertrautheit und Zusammenarbeit mit dem Kollegium ein wichtiger Faktor gegen Burnout ist. Geben und nehmen, Arbeit teilen und gemeinsam Unterricht vorbereiten, hilft der psychischen Gesundheit entscheidend.[130]

5.6 Individuelle Beratung

Eine individuelle Beratung durch Fachkräfte kann als präventive und auch intervenierende Maßnahme herangezogen werden.

Anhand der AVEM-Ergebnissen von Schaarschmidt wurde sichtbar, dass in vielen regionalen Teilen Deutschlands keine qualifizierten

---

[130] Vgl.: Ebd., S. 49ff.

Beratungsmöglichkeiten für die Berufsgruppe des Lehrers bestehen. Dies nahmen die Forscher zum Anlass, ein eigenes Beratungskonzept zu entwickeln, welches in einem engen Zusammenhang mit dem Training besteht. Da es Ähnlichkeiten zum Training gibt bzw. in dieser Hinsicht parallel zum Training steht, kann diese Konzeption nach der Berücksichtigung der Voraussetzungen wie folgt dargestellt werden:

Die Voraussetzungen bestehen nach Schaarschmidt aus vier Punkten. Erstens sollen die AVEM-Ergebnisse der betroffenen Person ein differenziertes Bild vom Berufsleben des Lehrers geben, damit der Ausgangspunkt des Gesprächs sichergestellt werden kann. Dadurch bekommen das Gespräch und das weitere Handeln eine Zielrichtung. Zweitens sollen die AVEM-Werte eine Ressourcenorientierung geben. Sie informieren über Gesundheitsrisiken als auch Gesundheitsressourcen. Diese werden wiederum zur Problembewältigung nutzbar gemacht. Drittens muss der betroffenen Lehrkraft eine aktive Rolle bei der Beratung zugesprochen werden. Sie soll in allen Bereichen der Beratung mitverantwortlich sein, um eine selbstständige Problemlösung zu ermöglichen. Viertens müssen die Gespräche „entdramatisierend" durchgeführt werden. Zusammengefasst gilt es, die Betroffenen zu unterstützen. Sie sollen sich nicht von Schwierigkeiten und Problemen vollständig einnehmen lassen, sondern stattdessen sich ihrer eigenen Probleme bewusst werden. Neben dem Aufzeigen von möglichen Lösungswegen sollen diese Lehrkräfte sich ihrer eigenen Lebenssituation klar werden und dadurch aktiv Veränderungen herbeiführen.[131] Die beratende Person selbst muss keine spezielle Ausbildung oder therapeutische Erfahrungen besitzen. Sie sollte allerdings in Gesprächsführung geschult und mit einer lösungsorientierten Beratung vertraut sein. Des Weiteren soll die Beratungsperson Bedingungen und Anforderungen des Lehrerberufs kennen, um berufsspezifische Lösungsmöglichkeiten zu erörtern.

Um eine Verbesserung der Situation des Ratsuchenden herbeizuführen, versuchte Schaarschmidt zwei unterschiedliche Durchführungsmöglichkeiten. Entweder bearbeitet die hilfesuchende Person einen AVEM-Fragebogen davor, oder das ganze Kollegium wird dem

---

131 Vgl.: Schaarschmidt, Uwe/Kieschke, Ulf (Hrsg.): Gerüstet für den Schulalltag, a.a.O., S. 146f.

AVEM-Konzept unterzogen. Es stellte sich dabei heraus, dass der zweite Weg günstiger ist, da stets eine Verbindung zwischen den Problemen und der Umgebung besteht und diese sich auf das ganze Kollegium beziehen kann.

Die erarbeiteten Ergebnisse vor und nach einer individuellen Beratung beweisen den erfolgreichen Nutzen der Methode. In der folgenden Abbildung wird gezeigt, dass sich nach der Beratung alle AVEM-Faktoren ins Positive verbessert haben. Den Betroffenen gelingt es also, nach einer intensiven und individuellen Beratung ihre Haltung gegenüber ihres Engagements, des Perfektionsstrebens, der Distanzfähigkeit, den Erfolgserlebnissen etc. so zu optimieren, dass die Lehrkraft weniger Belastung erfährt bzw. weiß, wie damit umzugehen ist.

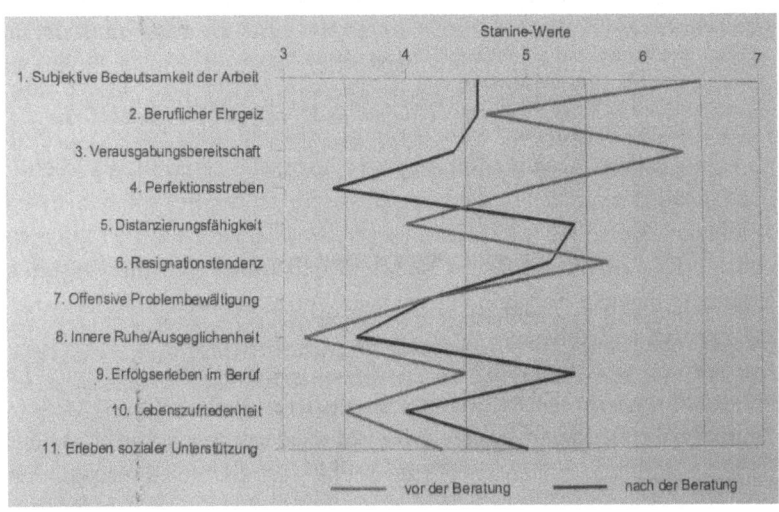

Abbildung 18: Ergebnisse der AVEM-Profile vor und nach einer Beratung[132]

Zu erwähnen ist, dass eine Beratung auf den einzelnen Fall ausgerichtet ist. Wenn sich Hilfesuchende in eine Beratung begeben, arbeiten sie meist engagiert, offen und aktiv mit. Nur wenn es beiden Parteien gelingt, eine Problemeinsicht zu schaffen, ist die betroffene Lehrkraft

---

[132] Abb.19: Ebd., S. 150.

auch in der Lage, Veränderungen eigenständig herbeizuführen. Diese Verbesserungen werden erfahrungsgemäß im Bereich der persönlichen Ansprüche, der Zielsetzungen, im Zeitmanagement und Arbeitsorganisation sowie im Erholungsverhalten durchgeführt und erreicht.[133]

5.7 Klinische Maßnahmen – Lehrer in der Reha

Das frühzeitige Ausscheiden durch Berufsunfähigkeit mag für einige Lehrerinnen und Lehrer eine Entlastung darstellen, aber viele, gerade jüngere Lehrkräfte, empfinden es als Ende sozialer Kontakte außerhalb der Familie. Häufig entstehen nach dem Ausscheiden Identitätsstörungen, die oft durch fehlenden Kontakte zu Kollegen, Schülern und gewohnte Tagesstrukturen zurückzuführen sind.

Rehabilitationsmaßnahmen, ob stationär oder ambulant, zählen zur tertiären Prävention sowie zur Intervention. Hauptziel dieser Maßnahmen ist die Wiederherstellung der Berufsfähigkeit. Dies geschieht durch das Aufbauen des körperlichen, psychischen und sozialen Wohlbefindens. Da betroffene Lehrerinnen und Lehrer meist an psychischen und psychosomatischen Erkrankungen sowie auch an Burnout leiden, wird der Fokus der Therapie auf die Wiedergewinnung von Selbstvertrauen und die Stärkung der Widerstandskräfte gelegt.[134] Folgende Darstellung zeigt Rehabilitationsmaßnahmen zur Wiedererlangung der Arbeitsfähigkeit:

---

133 Vgl.: Ebd., S. 152.
134 Vgl.: Bründel, Heidrun/Bründel, Klaus-Heinrich: Fit für den Schulalltag, a.a.O., S. 116.

5. Präventive und intervenierende Maßnahmen gegen Burnout

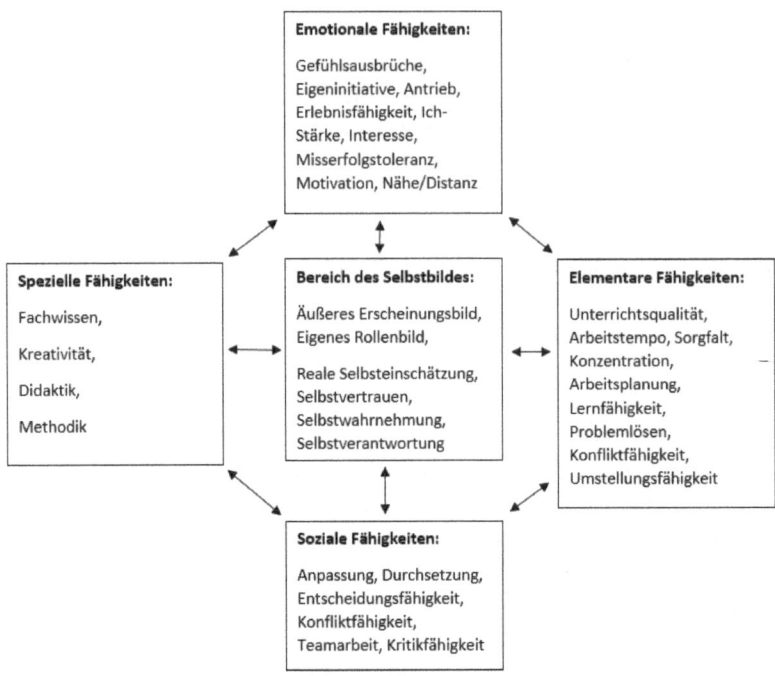

Abbildung 19: Rehabilitationsmaßnahmen zur Wiedererlangung der Arbeitsfähigkeit[135]

Ambulante Psychotherapie

Der Begriff Psychotherapie beinhaltet verschiedene Behandlungsmethoden, die auf die Behebung unterschiedlich ausgeprägter Störungen des Erlebens oder Verhaltens zielen. Wie die meisten Berufsgruppen tragen auch Lehrerinnen und Lehrer eine bestimmte Zeit lang psychische Probleme mit sich herum. Gerade die Psychotherapiehat mit vielen Vorurteilen zu kämpfen. Gerade männliche Lehrkräfte geben sich deswegen weniger in ambulante therapeutische Hilfe als die weiblichen Lehrkräfte. Frauen haben allgemein weniger Berührungsängste Hilfe anzunehmen als Männer, da der Begriff für viele männliche Lehrer immer noch ein Synonym für „Schwäche" ist.

---

135 Abb.19: Ebd., S. 117.

Es gibt unterschiedliche ambulante Therapiemöglichkeiten. Lehrkräfte haben die Wahl zwischen verschiedenen Therapierichtungen wie der psychoanalytischen, der tiefenpsychologischen, der personenzentrierten, der verhaltenstherapeutisch ausgerichteten, der systemischen und einer psychopharmazeutischen Therapie. Jede genannte Art von Therapie verfolgt eigene Ziele mit unterschiedlichen Herangehensweisen. Da jede Therapieart in sich sehr speziell ist und sehr in die Tiefe der Psychologie und der Medizin gehen, werden folgend nur zwei der genannten Beispiele kurz erläutert. Die personenzentrierte Psychotherapie zielt auf die emotionale Wärme, Empathie, Selbstkongruenz und Akzeptanz eines Patienten. Diese Therapieart ist nicht auf die Entstehung von Symptomen fixiert, sondern sieht das Gesprächsverhalten des Therapeuten als zentrale Voraussetzung für therapeutische Effekte an. Bei der Verhaltenstherapie wird das Verhalten eines Patienten als eine Funktion der sozialen Umgebung betrachtet. Ziel ist hierbei, Symptome zu reduzieren und für das Umfeld günstige Verhaltensweisen erneut aufzubauen.[136] Je nach Therapieart werden für die ambulanten Sitzungen unterschiedlich viele Stunden benötigt. Bei extremen Fällen werden oft Kurzzeittherapien mit ca. 15 Therapiestunden zu Langzeittherapien mit ca. 45 Therapiestunden.

Leider gibt es keine repräsentativen Untersuchungen zur Häufigkeit psychischer und psychosomatischer Erkrankungen von Lehrkräften sowie die Inanspruchnahme von ambulanter Hilfe. Denn, wie bereits am Anfang verdeutlicht, wird die Inanspruchnahme von Psychotherapie mit Schwäche gleichgesetzt und deshalb nicht an die Außenwelt getragen.

Stationäre Psychotherapie

Die stationäre Psychotherapie sollte der letzte Schritt eines Patienten darstellen. Also ist die stationäre Psychotherapie, nach einem ärztlichen Gespräch, der Lebenshilfe, der ambulanten Psychotherapie und dem Einsatz von Psychopharmaka die letzte Möglichkeit zur erfolgreichen Behandlung von Beschwerden wie z.B. von Burnout. Anders als

---

136 Vgl.: Schaaf, Helmut: Erbarmen mit den Lehrern. Zwischen Engagement und Burnout: Was Lehrer krank macht und was ihnen helfen könnte, gesund zu bleiben. Asanger-Verlag. Kröning 2008, S. 92.

bei der ambulanten Behandlung gibt es bei den stationären Therapien und Rehabilitationsmaßnahmen statistische Werte. Diese Statistiken belegen, dass etwa 10% aller Patienten Lehrerinnen und Lehrer sind und aus unterschiedlichen Gründen behandelt werden. Bei Lehrkräften liegen die Gründe für eine stationäre Behandlung meistens in affektiven Störungen, Anpassungsstörungen, Angststörungen, somatoformen Störungen, Tinnitus oder Essstörungen. Anders als bei anderen Berufsgruppen liegen bei Lehrerinnen und Lehrern die beruflichen Belastungen im Vordergrund. Trotzdem wird auch die stationäre Behandlung, wie auch bei der ambulanten, stetig von den Patienten hinausgezögert. Die Gründe sind meistens die gleichen: Rücksichtnahme auf Kolleginnen und Kollegen in der Schule, eigener Perfektionsdrang und Hoffnung auf eigene Hilfsmöglichkeiten, Scham, Angst oder die Sorge über zukünftige berufliche Nachteile.[137]

Beispiel der stationären Burnout- Behandlung an den Oberbergkliniken

Die Oberbergkliniken sind Akutkliniken mit privater Trägerschaft seit 1988. In diesen Kliniken sind die Behandlungsschwerpunkte auf Patienten mit seelischen, psychosomatischen und psychiatrischen Erkrankungen gelegt. Darunter ist auch Burnout gezählt. In Vera Kaltwassers veröffentlichten Interviews mit dem Ärztlichen Geschäftsführer der Oberbergkliniken, Prof. Dr. Mundle, wurden Fragen beantwortet, die einen möglichen Aufenthalt in einer Klinik als Lehrerin oder Lehrer mit Burnout- Anzeichen zu tun haben. Diese Fragen bezogen sich direkt auf die therapeutischen Maßnahmen und die damit verbundenen Erfolge.

Die Behandlung in einer Oberbergklinik gliedert sich in mehrere Phasen. Zuerst werden die körperlichen Gegebenheiten analysiert und wieder in eine normale Situation gebracht. Darunter werden regelmäßiges Essen, Schlafen und eine allgemeine Auszeit von der Arbeit gezählt. Diese körperliche Rückbildung ist die Grundlage für das weitere Arbeiten. Bei der Psychotherapie werden die inneren Gedanken und Ansprüche behandelt. Die Therapie zielt auf Selbstwahrnehmung und Selbstakzeptanz ab. Erst dann können Lösungen oder Veränderungen herbeigeführt werden. Dies ist mit täglichen intensiven und individu-

---

137 Vgl.: Ebd., S. 121f.

ellen Einzel- und Gruppengesprächen möglich. Dabei gilt, dass eigene emotionale Profil aus Einstellungen und Erwartungen zu ergründen. Weiter wird auch viel mit der Haltung der Achtsamkeit gearbeitet. Räume der Stille, modernes Stressmanagement, Meditation, Balanceschulungen etc. gehören dabei zum Alltag an einer Oberbergklinik. Nur durch diesen einen langfristigen Prozess kann auch eine nachhaltige Gesundung verzeichnet werden. Zu der Therapie gehören auch Lösungsvorschläge innerhalb des Systems Schule, um gesund in die Schule zurückzukehren. In Einzelfällen kann es jedoch sein, dass ein Berufswechsel gesünder und vernünftiger wäre. Was Prof. Dr. Mundle jedoch stark betont, dass, egal ob ein Patient wieder an die Schule zurückkehrt oder nicht, den Menschen so geholfen wird, dass sie für ihr weiteres Leben gesundheitlich rehabilitiert sind. Diese Aussage soll den Erfolg der Oberbergkliniken für Burnout-Erkrankte unterstreichen.[138]

---

138 Vgl.: Kaltwasser, Vera: Achtsamkeit in der Schule, a.a.O., S. 139ff.

6. Umfrage zur Lehrergesundheit

6.1 Hintergrund der Umfrage

Die These, dass Lehrerinnen und Lehrer stark gefährdet sind, eine Burnout-Erkrankung zu entwickeln, hat die Arbeit bisher nur bestätigen können. Damit einher gehen auch noch weitere Belastungen und Beanspruchungen, die auf die Gesundheit der Lehrkräfte negative Auswirkungen haben. Deshalb ist es umso wichtiger, strategisch richtige gesundheitsfördernde Maßnahmen in der Prävention und Intervention durchzuführen. Der Erhalt eines gesunden arbeitsbezogenen Klimas im Berufsalltag der Lehrerinnen und Lehrer ist für eine erfolgreiche Ausübung dieses Berufes essenziell.

Vor diesem Hintergrund fand im Zusammenhang mit dieser Arbeit im Zeitraum vom 09.07.2017 bis zum 09.10.2017 eine Online-Umfrage an Schulen statt.

Die durchgeführte Umfrage verfolgte das Ziel, herauszufinden, wie die aktuelle gesundheitliche Lage sowie die „Gefühlswelt" aktiver Lehrerinnen und Lehrern jeden Alters aussieht. Dabei wurde der Fokus, neben privaten Gegebenheiten wie Alter, Familienstand, Kinder etc., stark auf die angegebenen Belastungen im Schulalltag und die gesundheitlichen Schäden von den Lehrkräften gelegt. Dazu kommen noch abgefragte „Wünsche", die sich die aktiven Lehrerinnen und Lehrer an Aus- oder Fortbildung für ihren Schulalltag erbitten würden.

6.2 Fazit der Umfrage im Überblick

Insgesamt haben 74 Teilnehmerinnen und Teilnehmer an der Online-Umfrage teilgenommen. Für die Erhebung wurden gezielt Lehrerinnen und Lehrer an unterschiedlichen Schulen kontaktiert. Neben Fragen zu den Themenschwerpunkten (Belastungen und gesundheitliche Beschwerden) wurden ergänzende Informationen zu privaten, beruflichen und schulischen Eckpunkten eingeholt. So erhielt man Daten zu folgenden Punkten (siehe auch Anhang B): Geschlecht, Alter, Zeit im Beruf, Schulart, Familienstand, Kinderanzahl, Umfang der Beschäftigung, Beschäftigungsverhältnis und Krankentage.

Verteilung des Geschlechts

Die Stichprobe setzte sich aus 74 Teilnehmerinnen und Teilnehmern zusammen. Wie die folgende Abbildung zeigt, dominiert bei der Geschlechterverteilung der weibliche Anteil mit rund 70% im Vergleich zu den männlichen Teilnehmern, die mit rund 30% deutlich geringer vertreten sind.

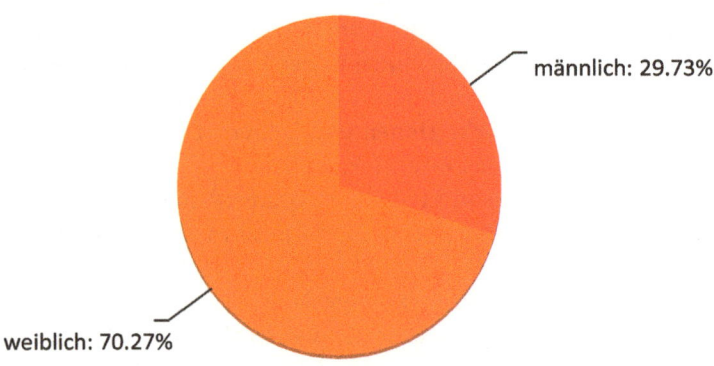

Altersverteilung

Die Altersverteilung der Umfrage geht über alle Altersklassen hinweg. Die Teilnehmer lassen sich wie folgt in folgende Klassen einteilen:
    9 Befragte (12.2%): 18-25 Jahre
    27 Befragte (36.5%): 26-30 Jahre
    14 Befragte (18.9%): 31-40 Jahre
    18 Befragte (24.3%): 40 -55 Jahre
    6 Befragte (8.1%): 56+ Jahre

6.2 Fazit der Umfrage im Überblick

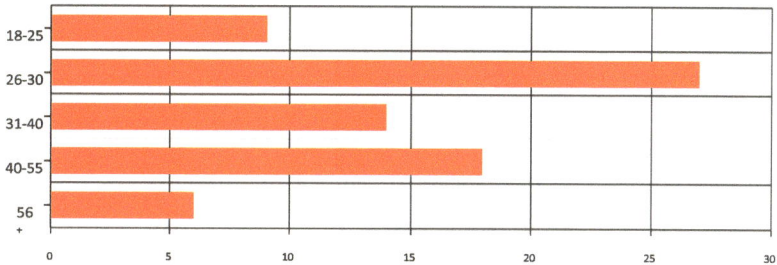

Es zeigt sich, dass eine Vielzahl der Befragten sich am Anfang der Berufsausübung befinden. Trotzdem wurde eine große Anzahl an Befragten zwischen 30-40 Jahren, 40-55 Jahren und älter befragt. Dass sich die meisten Befragten im Anfangsstadium des Lehrerberufes befinden, verdeutlicht die nachfolgende Abbildung.

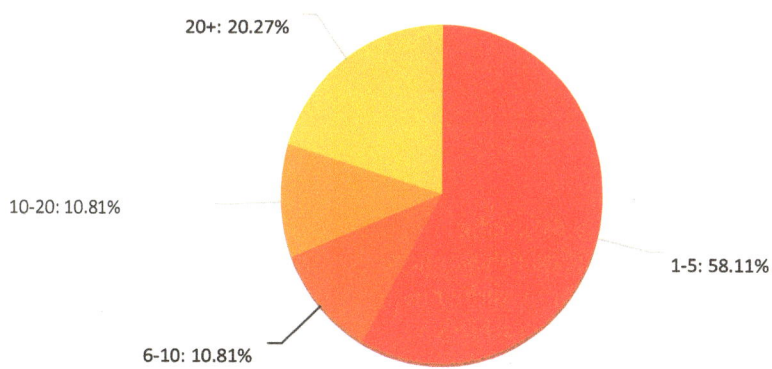

43 Befragte (58.1%): 1-5
8 Befragte (10.8%): 6-10
8 Befragte (10.8%): 10-20
15 Befragte (20.3%): 20+

Die weiteren Befragungspunkte ergaben folgende Ergebnisse:

Schulart
   9 Befragte (12.2%): Grundschule
   37 Befragte (50.0%): Hauptschule /Mittelschule
   12 Befragte (16.2%): Realschule
   13 Befragte (17.6%): Gymnasium
   3 Befragte (4.1%): Gemeinschaftsschule/Gesamtschule

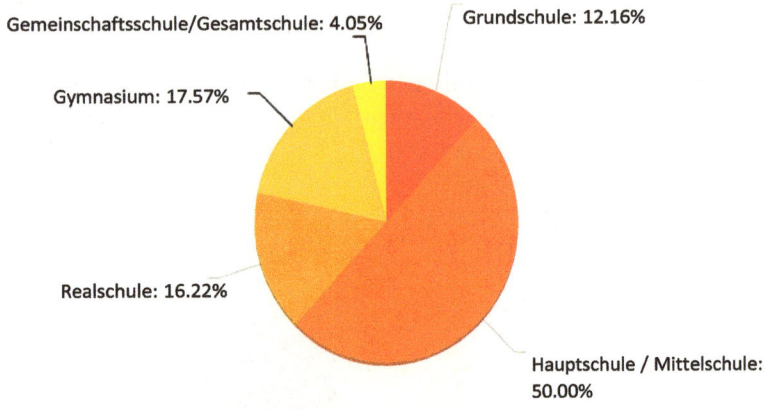

Familienstand
   36 Befragte (48.6%): ledig
   12 Befragte (16.2%): eheähnliches Verhältnis
   24 Befragte (32.4%): verheiratet
   2 Befragte (2.7%): geschieden

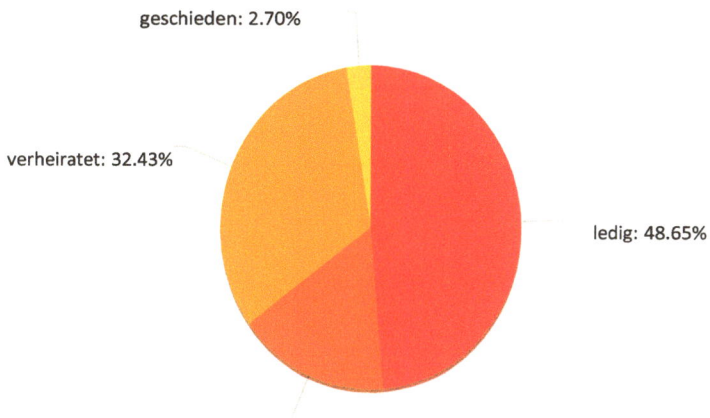

Kinderanzahl
    56 Befragte (75.7%): Nein
    2 Befragte (2.7%): Ja, 1 Kind
    9 Befragte (12.2%): Ja, 2 Kinder
    6 Befragte (8.1%): Ja, 3 Kinder
    1 Befragter (1.4%): Ja, 4+

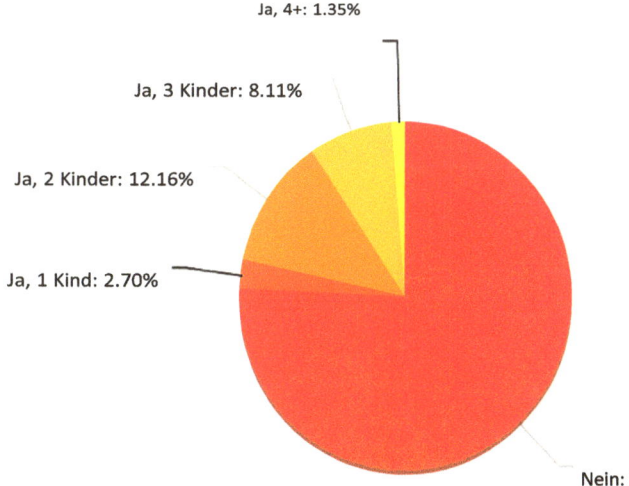

6. Umfrage zur Lehrergesundheit

Stunden im Unterricht
    1 Befragter (1.4%): 1-5
    25 Befragte (33.8%): 6-15
    13 Befragte (17.6%): 16-21
    35 Befragte (47.3%): 22-28
    0 Befragte (0.0%): 29+

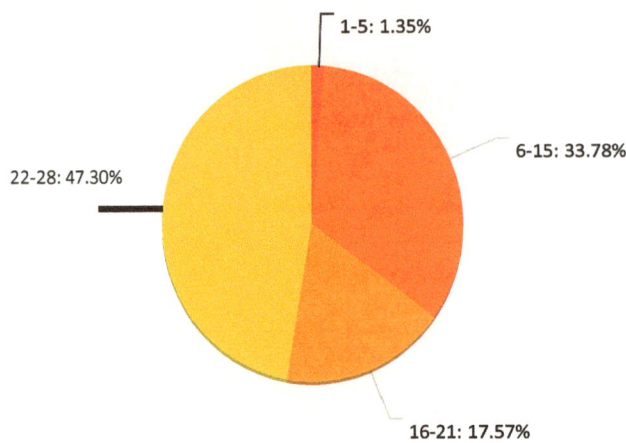

Beschäftigungsverhältnis
    8 Befragte (10.8%): Angestellter
    66 Befragte (89.2%): Beamter

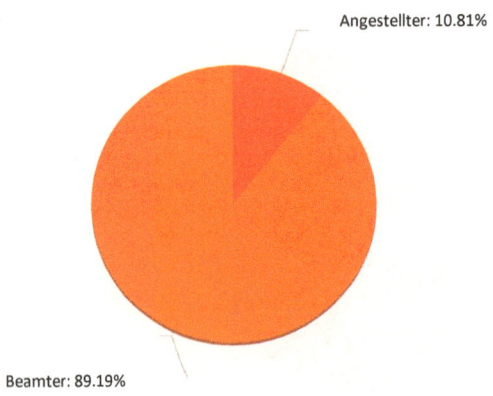

Krankentage im letzten Schuljahr
   62 Befragte83.8%): – 5 Tage
   10 Befragte (13.5%): 5-10 Tage
   2 Befragte (2.7%): 10+ Tage

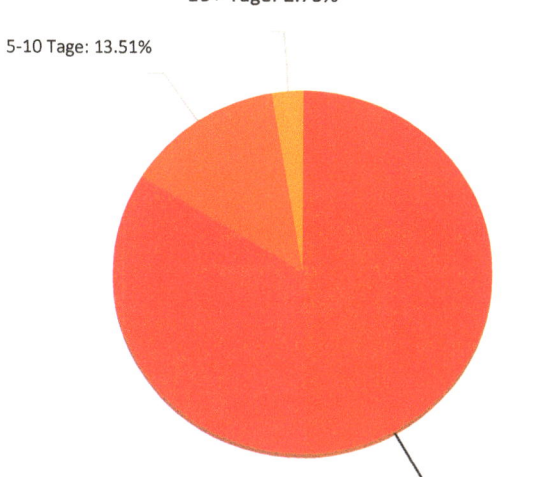

6.3 Fazit zu Belastungen in der Schule bzw. im Schulalltag

Jeder zweite Befragte gab an, dass das Verhalten schwieriger Schülerinnen und Schüler für sie am belastensten ist. Danach folgt die Klassenstärke. Überwiegend werden Aspekte als „zutreffend" beschrieben, die direkt mit den Schülerinnen und Schülern sowie mit dem Unterricht zu tun haben. Räumliche oder organisatorische Aspekte werden zwar auch genannt, allerdings in einem noch zu akzeptierenden Ausmaß. Administrative Pflichten oder koordinierende Tätigkeiten halten sich bei den Befragten die Waage. Weiter ist zu erkennen, dass die zwischenmenschlichen Aktivitäten wie z.B. mit Kollegen, Eltern oder Schulleitung am wenigstens belastend für die Befragten sind. Folgende Tabelle zeigt die einzelnen Stimmenabgaben und verdeutlicht die einzelnen Punkte in Prozent und Anzahl.

6. Umfrage zur Lehrergesundheit

	trifft völlig zu (1)		trifft überwiegend zu (2)		trifft teils/teils (3)		trifft überwiegend nicht zu (4)		trifft überhaupt nicht zu (5)		weiß ich nicht (keine Angabe) (6)		ø	±
	Σ	%	Σ	%	Σ	%	Σ	%	Σ	%	Σ	%		
Klassenstärke	15x	20,27	22x	29,73	19x	25,68	14x	18,92	4x	5,41	-	-	2,59	1,17
Stoffumfang	5x	6,76	21x	28,38	23x	31,08	14x	18,92	11x	14,86	-	-	3,07	1,16
Stundenanzahl	9x	12,16	10x	13,51	23x	31,08	16x	21,62	16x	21,62	-	-	3,27	1,29
Verteilung der Stunden	2x	2,74	17x	23,29	17x	23,29	21x	28,77	16x	21,92	-	-	3,44	1,15
Fachfremder Unterricht	4x	5,41	18x	24,32	15x	20,27	11x	14,86	18x	24,32	8x	10,81	3,61	1,49
Vertretungsstunden	7x	9,46	16x	21,62	12x	16,22	16x	21,62	22x	29,73	1x	1,35	3,45	1,40
Verhalten schwieriger Sc...	37x	50,00	20x	27,03	9x	12,16	5x	6,76	3x	4,05	-	-	1,88	1,12
Typ der Schule (Schulart)	2x	2,70	8x	10,81	13x	17,57	20x	27,03	27x	36,49	4x	5,41	4,00	1,21
Baulicher Zustand der Sc...	1x	1,35	8x	10,81	17x	22,97	20x	27,03	28x	37,84	-	-	3,89	1,08
Umfeld der Schule	4x	5,41	8x	10,81	13x	17,57	20x	27,03	29x	39,19	-	-	3,84	1,22
Ausstattung und Unterric...	6x	8,11	15x	20,27	16x	21,62	14x	18,92	23x	31,08	-	-	3,45	1,34
Bezahlung	4x	5,41	8x	10,81	11x	14,86	21x	28,38	27x	36,49	3x	4,05	3,92	1,27
Eigener Gesundheitszust...	6x	8,11	9x	12,16	11x	14,86	14x	18,92	34x	45,95	-	-	3,82	1,35
Fortbildungsveranstaltun...	6x	8,11	17x	22,97	18x	24,32	15x	20,27	12x	16,22	6x	8,11	3,38	1,42
Koordinierung von berufl...	5x	6,76	20x	27,03	24x	32,43	12x	16,22	12x	16,22	1x	1,35	3,12	1,22
Außerunterrichtlichen Pf...	3x	4,05	23x	31,08	23x	31,08	13x	17,57	11x	14,86	1x	1,35	3,12	1,17
Administrative Pflichten	12x	16,22	25x	33,78	15x	20,27	7x	9,46	11x	14,86	4x	5,41	2,89	1,48
Ausstehende Anerkennun...	11x	14,86	15x	20,27	10x	13,51	10x	13,51	23x	31,08	5x	6,76	3,46	1,61
Berufliches Image und Pr...	10x	13,51	11x	14,86	16x	21,62	11x	14,86	25x	33,78	1x	1,35	3,45	1,46
Zusammenarbeit mit Elte...	5x	6,76	13x	17,57	30x	40,54	15x	20,27	10x	13,51	1x	1,35	3,20	1,13
Beziehungen zu Kollegen	2x	2,70	7x	9,46	15x	20,27	16x	21,62	34x	45,95	-	-	3,99	1,14
Beziehung zur Schulleitu...	6x	8,11	7x	9,46	18x	24,32	14x	18,92	29x	39,19	-	-	3,72	1,30
Zusammenarbeit mit der...	2x	2,70	6x	8,11	13x	17,57	19x	25,68	27x	36,49	7x	9,46	4,14	1,22
Neuerungen, Veränderun...	15x	20,27	11x	14,86	19x	25,68	15x	20,27	12x	16,22	2x	2,70	3,05	1,44
Beziehungen zum nichtp...	2x	2,70	3x	4,05	13x	17,57	13x	17,57	40x	54,05	3x	4,05	4,28	1,10

6.4 Fazit zu gesundheitlichen Beschwerden

Bei den gesundheitlichen Beschwerden stechen die körperlichen Probleme wie Muskelverspannung heraus. Ebenso geben nicht wenige Befragten an, unter Energiemangel, chronischer Ermüdung und unter leichter Reizbarkeit zu leiden. Das heißt auch, dass ein dringender Bedarf an Angeboten für körperliche Gesundheit von Nöten ist. Folgende Tabelle verdeutlicht ebenso die einzelnen Stimmabgaben in Prozent und Anzahl.

	(1) Σ	(1) %	(2) Σ	(2) %	(3) Σ	(3) %	(4) Σ	(4) %	völlig zutreffend (5) Σ	(5) %	weiß ich nicht (6) Σ	(6) %	Ø	±
Energiemangel	16x	21,62	19x	25,68	21x	28,38	12x	16,22	5x	6,76	1x	1,35	2,65	1,25
chronischer Ermüdung	14x	18,92	25x	33,78	15x	20,27	13x	17,57	6x	8,11	1x	1,35	2,66	1,27
Schwächegefühle, Überd...	28x	37,84	10x	13,51	18x	24,32	12x	16,22	4x	5,41	2x	2,70	2,46	1,42
Muskelverspannung	18x	24,32	13x	17,57	17x	22,97	17x	22,97	8x	10,81	1x	1,35	2,82	1,39
Rückenschmerzen	23x	31,08	12x	16,22	18x	24,32	14x	18,92	6x	8,11	1x	1,35	2,61	1,38
Gewichtsschwankungen	32x	43,24	20x	27,03	16x	21,62	4x	5,41	1x	1,35	1x	1,35	1,99	1,10
Schlafstörungen	26x	35,14	14x	18,92	18x	24,32	8x	10,81	7x	9,46	1x	1,35	2,45	1,39
Niedergeschlagenheit	25x	33,78	25x	33,78	17x	22,97	5x	6,76	1x	1,35	1x	1,35	2,12	1,08
Hilflosigkeit	32x	43,24	24x	32,43	14x	18,92	4x	5,41	-	-	-	-	1,86	0,91
häufiges Weinen,	58x	78,38	12x	16,22	3x	4,05	-	-	1x	1,35	-	-	1,30	0,68
Gefühlsausbrüche	33x	44,59	13x	17,57	15x	20,27	8x	10,81	5x	6,76	-	-	2,18	1,30
Emotionale Leere	43x	58,11	13x	17,57	10x	13,51	6x	8,11	2x	2,70	-	-	1,80	1,12
Reizbarkeit	8x	10,81	25x	33,78	21x	28,38	10x	13,51	10x	13,51	-	-	2,85	1,20
Gefühle von Vereinsamun...	48x	64,86	14x	18,92	4x	5,41	7x	9,46	1x	1,35	-	-	1,64	1,04
Negative Einstellung geg...	43x	58,11	14x	18,92	8x	10,81	6x	8,11	2x	2,70	1x	1,35	1,82	1,21
Negative Einstellung zur...	28x	37,84	27x	36,49	10x	13,51	8x	10,81	-	-	1x	1,35	2,03	1,09
Gefühle der Unzulänglich...	42x	56,76	15x	20,27	10x	13,51	6x	8,11	-	-	1x	1,35	1,78	1,10
Mangelnde Selbstachtung	41x	55,41	19x	25,68	9x	12,16	4x	5,41	-	-	1x	1,35	1,73	1,02
Zunehmende Kontaktarm...	39x	52,70	22x	29,73	7x	9,46	6x	8,11	-	-	-	-	1,73	0,94
Eingeschränkte Kommun...	41x	55,41	18x	24,32	7x	9,46	7x	9,46	-	-	1x	1,35	1,78	1,10

Grundsätzlich wird bei der Befragung klargestellt, dass alle Befragten eine Schulung in gesundheitsfördernden Themen für wünschenswert angeben. Dies verdeutlicht die nachfolgende Tabelle.

	wünsche ich mir sehr (1)		wünsche ich mir nicht (2)		weiß ich nicht (unentschlossen) (3)		was ist das? (4)		Ø	±
	Σ	%	Σ	%	Σ	%	Σ	%		
der Frustrationstoleranz	31x	41,89	18x	24,32	25x	33,78	-	-	1,92	0,87
der Stimme	36x	48,65	29x	39,19	9x	12,16	-	-	1,64	0,69
von Zeitmanagement	34x	45,95	27x	36,49	13x	17,57	-	-	1,72	0,75
von Gesundheitsmanagem	...40x	54,05	21x	28,38	13x	17,57	-	-	1,64	0,77
von Entspannungsübungen	36x	48,65	29x	39,19	9x	12,16	-	-	1,64	0,69
von Achtsamkeitsübungen	29x	39,19	28x	37,84	15x	20,27	2x	2,70	1,86	0,83
von Meditationsübungen	28x	37,84	30x	40,54	16x	21,62	-	-	1,84	0,76
von Atemübungen	20x	27,03	38x	51,35	16x	21,62	-	-	1,95	0,70

Die Ausübung des Lehrerberufs beinhaltet hohe körperliche Beanspruchungen. Eine gute körperliche Fitness ist dabei essenziell, um den immer steigenden Anforderungen gerecht zu werden. Stimm- und sprecherzieherische Maßnahmen sind sehr erwünscht. Diese sollen bereits in das Studium integriert werden, um Stimmstörungen im Verlauf der Berufsbiografie zu minimieren und um Sicherheit im gesunden Umgang mit der Stimme auszubauen. Nötig sind dabei fachspezifische Angebote von Stimmbildung wie z.B. in Musik, Deutsch oder Sport. Der Anteil an Frauen, die sich Angebote zur Förderung wünschen, dominiert im Vergleich zu den Männern in jeder Altersstufe.

7. Schluss

Zusammenfassend zeigt die Arbeit, dass Lehrerinnen und Lehrer hohen physischen und psychischen Belastungen ausgesetzt sind. Diesen Belastungen kann man allerdings durch die oben vorgestellten Prä- und Interventionsmaßnahmen entgegenwirken. Das Burnout-Syndrom ist, wie auch Studien immer wieder belegen, vermeidbar. Geeignete und individuelle Bewältigungsstrategien können dabei hilfreich sein. Lehrerinnen und Lehrer sollten dabei den Aspekt der eigenen Gesundheit nicht unterschätzen. Sie müssen ein geregeltes Arbeitsleben herstellen und immer wieder an der eigenen Arbeitsmethode und an den eigenen Ansprüchen arbeiten. Ehrlichkeit, Mut und um Hilfe zu bitten, wenn man selber nicht mehr weiter weiß, sind wichtige Gesundheitsfaktoren und erste Schritte zum gesundheitsfördernden Arbeiten. Die Zusammenstellung der Prä- und Interventionsmaßnahmen für das Burnout-Syndrom kann und soll im Rahmen dieser Arbeit keinen Anspruch auf Vollständigkeit erheben. Vielmehr sollte vor allem auf solche Ansätze eingegangen werden, die durch empirische Ergebnisse naheliegen und durch Veröffentlichungen erweitert und durchgeführt wurden.

Wie die durchgeführte Umfrage zeigt, sind Lehrerinnen und Lehrer erheblich von Burnout bedroht. Einige Belastungsfaktoren sind sogar über alle Altersklassen vorhanden. Möglichkeiten zur Gesundheitsschulung oder einer Fortbildung, die Übungen zur Gesunderhaltung vermitteln, sind sehr spärlich oder fehlen.

Letztendlich können nur gesunde Lehrerinnen und gesunde Lehrer gute Lehrkräfte sein. Die Gefahr, an Burnout zu erkranken, ist stets vorhanden. Allerdings kann man auch gut und erfolgreich dagegen wirken. Der Lehrerberuf ist mit viel ernsten Augenblicken verbunden, und er ist auch ein Beruf, der viel Verantwortung mit sich bringt. Deshalb sollten Lehrerinnen und Lehrer in diesem Beruf das Lachen und den Humor nicht vergessen. Mit einer gewissen Menge täglichen Humor ist der Gesundheit auch schon ein Stück weit geholfen.

Literaturverzeichnis

Barth, Anne-Rose: Burnout bei Lehrern. Eine empirische Untersuchung. Dissertation Universität Erlangen-Nürnberg. Nürnberg 1990.

Bauer, K.-O./Kopka, A./Brindt, S.: Pädagogische Professionalität und Lehrerarbeit. Eine qualitativ empirische Studie über professionelles Handeln und Bewusstsein. Weinheim/München 1997.

Becker E. Georg/Gonschorek, Gernot: Kultusminister schicken 55.000 Lehrer vorzeitig in Pension. Konsequenzen aus dem Heidelberger Burnout-Test. in: Gudjons, Herbert (Hrsg.): Entlastung im Lehrerberuf. Bergmann und Helbig Verlag. Hamburg 1993.

Bründel, Heidrun/Bründel, Klaus-Heinrich: Fit für den Schulalltag. Psychosoziale Grundkompetenzen im Lehrerberuf. Carl Link Verlag. Köln 2010.

Burisch, Matthias: Das Burnout-Syndrom. Theorie der inneren Erschöpfung, Zahlreiche Fallbeispiele, Hilfen zur Selbsthilfen. Springer-Verlag. Berlin/ Heidelberg/ New York 2010.

Derbolowsky, Jakob: Autogenes Training. Eine psychopädische Modifikation zur Beseitigung des „Burn-out"-Syndroms, in: Mayer, Ernst: Burnout und Stress. Praxismodelle zur Bewältigung. Schneider-Verlag. Göttingen 1991.

Döring-Seipel, Elke/Dauber, Heinrich: Was Lehrerinnen und Lehrer gesund hält. Empirische Ergebnisse zur Bedeutung psychosozialer Ressourcen im Lehrerberuf. Vanderhoeck und Ruprecht. Göttingen 2013.

Hammer, Wolfgang/Vogt, Peter: Gesund im Lehrerberuf. Vermeidung und Bewältigung von Burn-out. Schneider Verlag. Baltmannsweiler 2009.

Hedderich, Ingeborg: Schulische Belastungssituationen erfolgreich bewältigen. Ein Praxishandbuch für Lehrkräfte. Klinkhardt-Verlag. Bad Heilbrunn 2011.

Kaltwasser, Vera: Achtsamkeit in der Schule. Stille-Insel im Unterricht: Entspannung und Konzentration. Beltz-Verlag. Weinheim 2008.

Kaltwasser, Vera: Praxisbuch Achtsamkeit in der Schule. Selbstregulation und Beziehungsfähigkeit als Basis von Bildung. Beltz-Verlag. Weinheim 2016.

Kleiber, Dieter/Enzmann, Dirk: Helfer-Leiden. Stress und Burnout in psychosozialen Berufen. Asanger-Verlag. Heidelberg 1989.

Körner, Sylvia C.: Das Phänomen Burnout am Arbeitsplatz Schule. Ein empirischer Beitrag zur Beschreibung des Burnout-Syndroms und seiner Verbreitung sowie zur Analyse von Zusammenhängen und potentiellen Einflussfaktoren auf das Ausbrennen von Gymnasiallehrern. Logos Verlag. Berlin 2003.

Literaturverzeichnis

Kunz Heim, Doris: Burnout im Lehrberuf: Entstehung – Ursachen – Prävention, in: Dür, Wolfgang/Felder-Puig, Rosmarie (Hrsg.): Lehrbuch Schulische Gesundheitsförderung. Hans Huber Verlag. Bern 2011.

Lanz, Caroline: Burnout aus ressourcenorientierter Sicht im Geschlechtervergleich. Eine Untersuchung im Spitzenmanagement in Wirtschaft und Verwaltung. VS Verlag für Sozialwissenschaften. Wiesbaden 2010.

Maslach, Christina/Jackson Susan E.: The Maslach Burnout Inventory Manual. CA: Consulting Psychologists Press. Palo Alto 1986.

Merz, Jürgen: Berufszufriedenheit von Lehrern. Eine empirische Untersuchung. Beltz-Verlag. Weinheim/ Basel 1979.

Pines, Ayala M./Aronson Elliot/Kafry Ditsa: Ausgebrannt. Vom Überdruss zur Selbstentfaltung. Clett-Kotta Verlag. Stuttgart 1987.

Richter, Peter/Hacker, Winfried: Belastung und Beanspruchung. Stress, Ermüdung und Burnout im Arbeitsleben. Asanger-Verlag. Heidelberg 1998.

Rothland, Martin (Hrsg.): Belastung und Beanspruchung im Lehrerberuf. Modelle, Befunde, Interventionen. VS Verlag für Sozialwissenschaften. Wiesbaden 2007.

Rudow, Bernd: Die Arbeit des Lehrers. Zur Psychologie der Lehrertaetigkeit, Lehrerbelastung und Lehrergesundheit. Hogrefe-Verlag. Göttingen 1994.

Rudow, Bernd: Arbeits- und Gesundheitsschutz im Lehrerberuf. Schulmanagement, Heft 6, 2000.

Schaaf, Helmut: Erbarmen mit den Lehrern. Zwischen Engagement und Burnout: Was Lehrer krank macht und was ihnen helfen könnte, gesund zu bleiben. Asanger-Verlag. Kröning 2008.

Schaarschmidt, Uwe/Kieschke, Ulf: Beanspruchungsmuster im Lehrerberuf. Ergebnisse und Schlussfolgerungen aus der Potsdamer Lehrerstudie. In: Rothland, Martin (Hrsg.): Belastungen und Beanspruchung im Lehrerberuf. Modelle, Befunde, Interventionen. VS Verlag für Sozialwissenschaften. Wiesbaden 2007.

Schaarschmidt, Uwe/Kieschke, Ulf (Hrsg.): Gerüstet für den Schulalltag. Psychologische Unterstützungsangebote für Lehrerinnen und Lehrer. Beltz-Verlag. Weinheim und Basel 2007.

Schmalenbach, Jan: Entlastung im Unterricht. Das Potenzial kooperativer Arbeitsformen, in: Kliebisch, Udo W./Meloefski, Roland (Hrsg.): Lehrergesundheit. Anregungen für die Praxis. Schneider Verlag Hohengehren GmbH. Baltmannsweiler 2009.

Schönwälder, Hans-Günther: Belastungen im Lehrerberuf, in: Pädagogik, Heft 6, 1989.

Schönwälder, Hans-Günther (Hrsg.): Belastung und Beanspruchung von Lehrerinnen und Lehrern. Schriftreihe der Bundesanstalt für Arbeitsschutz und Arbeitsmedizin. Berlin 2003.

Schumacher, Lutz: Gesundheit und Professionalität von Lehrkräften. In: Kiebisch, Udo W./Meloefski, Roland (Hrsg.): Lehrergesundheit. Anregungen für die Praxis. Schneider Verlag. Baltmannsweiler 2009.

Stiller, Michael: Belastungen, Ressourcen und Beanspruchungen bei Lehrkräften. Verlag Julius Klinkhardt. Bad Heilbrunn 2015.

Urbutt, Anne: Belastungen im Lehrerberuf. Faktoren der Belastung und Strategien der Belastungsbewältigung. Diplomica Verlag. Hamburg 2015.

Internetquellen:

Audiobite.de URL: http://www.audiobite.com/verlag/images/kinderjakobposter.jpg (entnommen am 05.07.2017).

Lehrerfreund.de URL: https://www.lehrerfreund.de/schule/1s/lehrertyp/2967 (entnommen am 15.06.2017).

Neurologen und Physiker im Netz. URL: https://www.neurologen-und-psychiater-im-netz.org/psychiatrie-psychosomatik-psychotherapie/therapie/entspannungsverfahren/progressive-muskelentspannung/#c53=. (entnommen am 05.07.2017).

Tagesspiegel- Online: URL: http://www.tagesspiegel.de/berlin/schulen-in-sozialen-brennpunkten-was-hat-berlin-aus-dem-ruetli-brandbrief-gelernt/13309852.html (entnommen am 17.05.2017).

Unterrichtsstörungen.de: URL: http://www.unterrichtsstoerungen.de/html/definitionen.html (entnommen am 17.05.2017).

Voderholzer, Ulrich: Neurologen und Psychiater im Netz: URL: https://www.neurologen-und-psychiater-im-netz.org/psychiatrie-psychosomatik-psychotherapie/erkrankungen/depressionen/was-ist-eine-depression/ (entnommen am 23.03.2017).

Yoga-Vidya: URL: https://www.yoga-vidya.de/yoga-anfaenger/yoga-uebungen/ (entnommen am 07.07.2017).

Anhang

Ergebnisse des Fragebogens: Umfrage zur Lehrergesundheit

Umfrage zur Lehrergesundheit

1. Geschlecht *

   Anzahl Teilnehmer: 74

   22 (29.7%): männlich

   52 (70.3%): weiblich

   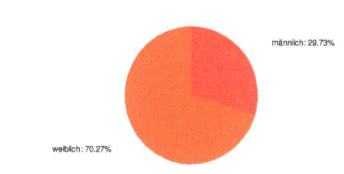

2. Alter *

   Anzahl Teilnehmer: 74

   9 (12.2%): 18-25

   27 (36.5%): 26-30

   14 (18.9%): 31-40

   18 (24.3%): 40-55

   6 (8.1%): 56+

   - (0.0%): Andere

   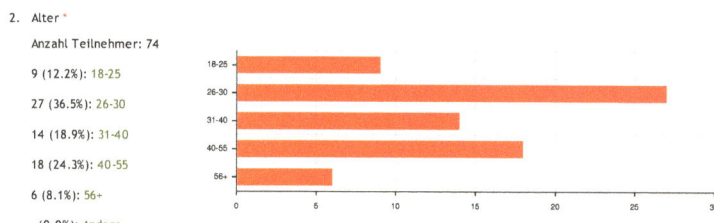

3. Wie viele Jahre sind Sie schon Lehrer? *

   Anzahl Teilnehmer: 74

   43 (58.1%): 1-5

   8 (10.8%): 6-10

   8 (10.8%): 10-20

   15 (20.3%): 20+

   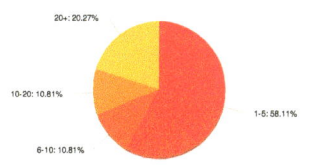

Anhang

4. An welcher Schule unterrichten Sie? *

   Anzahl Teilnehmer: 74

   9 (12.2%): Grundschule

   37 (50.0%): Hauptschule / Mittelschule

   12 (16.2%): Realschule

   13 (17.6%): Gymnasium

   3 (4.1%): Gemeinschaftsschule/Gesamtschule

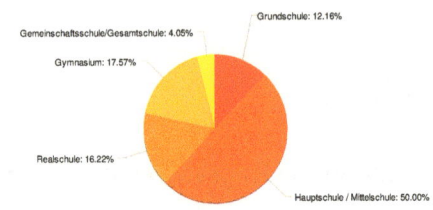

5. Familienstand *

   Anzahl Teilnehmer: 74

   36 (48.6%): ledig

   12 (16.2%): eheähnliches Verhältnis

   24 (32.4%): verheiratet

   2 (2.7%): geschieden

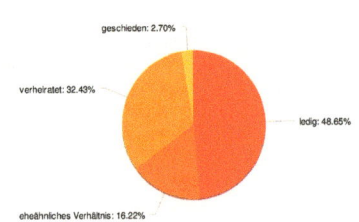

6. Haben Sie Kinder? *

   Anzahl Teilnehmer: 74

   56 (75.7%): Nein

   2 (2.7%): Ja, 1 Kind

   9 (12.2%): Ja, 2 Kinder

   6 (8.1%): Ja, 3 Kinder

   1 (1.4%): Ja, 4+

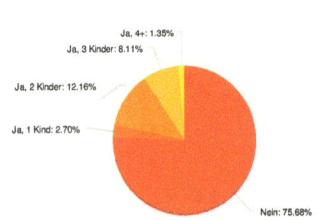

Ergebnisse des Fragebogens: Umfrage zur Lehrergesundheit

7. Wie viele Stunden verbringen Sie wöchentlich im Unterricht? *

Anzahl Teilnehmer: 74

1 (1.4%): 1-5

25 (33.8%): 6-15

13 (17.6%): 16-21

35 (47.3%): 22-28

- (0.0%): 29+

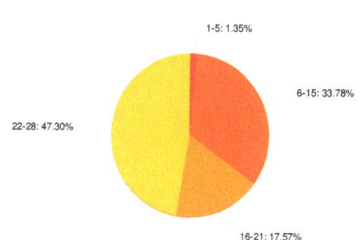

8. Wie ist Ihr Beschäftigungsverhältnis? *

Anzahl Teilnehmer: 74

8 (10.8%): Angestellter

66 (89.2%): Beamter

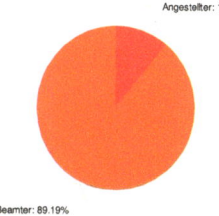

9. Wie viele Krankentage hatten Sie im letzten Schuljahr? *

Anzahl Teilnehmer: 74

62 (83.8%): - 5 Tage

10 (13.5%): 5-10 Tage

2 (2.7%): 10+ Tage

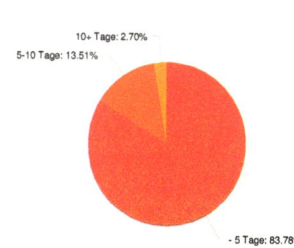

10. Was belastet Sie in der Schule bzw. im Schulalltag? *

Anzahl Teilnehmer: 74

	trifft völlig zu (1)		trifft überwiegend zu (2)		trifft teils/teils (3)		trifft überwiegend nicht zu (4)		trifft überhaupt nicht zu (5)		weiß ich nicht (keine Angabe) (6)		Ø	±
	Σ	%	Σ	%	Σ	%	Σ	%	Σ	%	Σ	%		
Klassenstärke	15x	20,27	22x	29,73	19x	25,68	14x	18,92	4x	5,41	-	-	2,59	1,17
Stoffumfang	5x	6,76	21x	28,38	23x	31,08	14x	18,92	11x	14,86	-	-	3,07	1,16
Stundenanzahl	9x	12,16	10x	13,51	23x	31,08	16x	21,62	16x	21,62	-	-	3,27	1,29
Verteilung der Stunden	2x	2,74	17x	23,29	17x	23,29	21x	28,77	16x	21,92	-	-	3,44	1,15
Fachfremder Unterricht	4x	5,41	18x	24,32	15x	20,27	11x	14,86	18x	24,32	8x	10,81	3,61	1,49
Vertretungsstunden	7x	9,46	16x	21,62	12x	16,22	16x	21,62	22x	29,73	1x	1,35	3,45	1,40
Verhalten schwieriger Sc...	37x	50,00	20x	27,03	9x	12,16	5x	6,76	3x	4,05	-	-	1,88	1,12
Typ der Schule (Schulart)	2x	2,70	8x	10,81	13x	17,57	20x	27,03	27x	36,49	4x	5,41	4,00	1,21
Baulicher Zustand der Sc...	1x	1,35	8x	10,81	17x	22,97	20x	27,03	28x	37,84	-	-	3,89	1,08
Umfeld der Schule	4x	5,41	8x	10,81	13x	17,57	20x	27,03	29x	39,19	-	-	3,84	1,22
Ausstattung und Unterric...	6x	8,11	15x	20,27	16x	21,62	14x	18,92	23x	31,08	-	-	3,45	1,34
Bezahlung	4x	5,41	8x	10,81	11x	14,86	21x	28,38	27x	36,49	3x	4,05	3,92	1,27
Eigener Gesundheitszust...	6x	8,11	9x	12,16	11x	14,86	14x	18,92	34x	45,95	-	-	3,82	1,35
Fortbildungsveranstaltun...	6x	8,11	17x	22,97	18x	24,32	15x	20,27	12x	16,22	6x	8,11	3,38	1,42
Koordinierung von berufl...	5x	6,76	20x	27,03	24x	32,43	12x	16,22	12x	16,22	1x	1,35	3,12	1,22
Außerunterrichtlichen Pf...	3x	4,05	23x	31,08	23x	31,08	13x	17,57	11x	14,86	1x	1,35	3,12	1,17
Administrative Pflichten	12x	16,22	25x	33,78	15x	20,27	7x	9,46	11x	14,86	4x	5,41	2,89	1,48
Ausstehende Anerkennun...	11x	14,86	15x	20,27	10x	13,51	10x	13,51	23x	31,08	5x	6,76	3,46	1,61
Berufliches Image und Pr...	10x	13,51	11x	14,86	16x	21,62	11x	14,86	25x	33,78	1x	1,35	3,45	1,46
Zusammenarbeit mit Elte...	5x	6,76	13x	17,57	30x	40,54	15x	20,27	10x	13,51	1x	1,35	3,20	1,13
Beziehungen zu Kollegen	2x	2,70	7x	9,46	15x	20,27	16x	21,62	34x	45,95	-	-	3,99	1,14
Beziehung zur Schulleitu...	6x	8,11	7x	9,46	18x	24,32	14x	18,92	29x	39,19	-	-	3,72	1,30
Zusammenarbeit mit der...	2x	2,70	6x	8,11	13x	17,57	19x	25,68	27x	36,49	7x	9,46	4,14	1,22
Neuerungen, Veränderun...	15x	20,27	11x	14,86	19x	25,68	15x	20,27	12x	16,22	2x	2,70	3,05	1,44
Beziehungen zum nichtp...	2x	2,70	3x	4,05	13x	17,57	13x	17,57	40x	54,05	3x	4,05	4,28	1,10

Arithmetisches Mittel (Ø)
Standardabweichung (±)

146

Ergebnisse des Fragebogens: Umfrage zur Lehrergesundheit

11. Wenn ich an die Zukunft denke, wird meine... *

Anzahl Teilnehmer: 74

	nicht verbessern (1)		verändern (2)		nicht verschlechtern (3)		sich erheblich verschlechtern (4)		weiß ich nicht (5)		Ø	±
	Σ	%	Σ	%	Σ	%	Σ	%	Σ	%		
körperliche Verfassung s...	-	-	46x	62,16	19x	25,68	1x	1,35	8x	10,81	2,61	0,96
psychische Verfassung si...	3x	4,05	35x	47,30	22x	29,73	4x	5,41	10x	13,51	2,77	1,09

12. Ich leide unter/ Ich habe... *

Anzahl Teilnehmer: 74

	überhaupt nicht zutreffend (1)		überwiegend nicht zutreffend (2)		teils/teils zutreffend (3)		überwiegend zutreffend (4)		völlig zutreffend (5)		weiß ich nicht (6)		Ø	±
	Σ	%	Σ	%	Σ	%	Σ	%	Σ	%	Σ	%		
Energiemangel	16x	21,62	19x	25,68	21x	28,38	12x	16,22	5x	6,76	1x	1,35	2,65	1,25
chronischer Ermüdung	14x	18,92	25x	33,78	15x	20,27	13x	17,57	6x	8,11	1x	1,35	2,66	1,27
Schwächegefühle, Überd...	28x	37,84	10x	13,51	18x	24,32	12x	16,22	4x	5,41	2x	2,70	2,46	1,42
Muskelverspannung	18x	24,32	13x	17,57	17x	22,97	17x	22,97	8x	10,81	1x	1,35	2,82	1,39
Rückenschmerzen	23x	31,08	12x	16,22	18x	24,32	14x	18,92	6x	8,11	1x	1,35	2,61	1,38
Gewichtsschwankungen	32x	43,24	20x	27,03	16x	21,62	4x	5,41	1x	1,35	1x	1,35	1,99	1,10
Schlafstörungen	26x	35,14	14x	18,92	18x	24,32	8x	10,81	7x	9,46	1x	1,35	2,45	1,39
Niedergeschlagenheit	25x	33,78	25x	33,78	17x	22,97	5x	6,76	1x	1,35	1x	1,35	2,12	1,08
Hilflosigkeit	32x	43,24	24x	32,43	14x	18,92	4x	5,41	-	-	-	-	1,86	0,91
häufiges Weinen,	58x	78,38	12x	16,22	3x	4,05	-	-	1x	1,35	-	-	1,30	0,68
Gefühlsausbrüche	33x	44,59	13x	17,57	15x	20,27	8x	10,81	5x	6,76	-	-	2,18	1,30
Emotionale Leere	43x	58,11	13x	17,57	10x	13,51	6x	8,11	2x	2,70	-	-	1,80	1,12
Reizbarkeit	8x	10,81	25x	33,78	21x	28,38	10x	13,51	10x	13,51	-	-	2,85	1,20
Gefühle von Vereinsamun...	48x	64,86	14x	18,92	4x	5,41	7x	9,46	1x	1,35	-	-	1,64	1,04
Negative Einstellung geg...	43x	58,11	14x	18,92	8x	10,81	6x	8,11	2x	2,70	1x	1,35	1,82	1,21
Negative Einstellung zur...	28x	37,84	27x	36,49	10x	13,51	8x	10,81	-	-	1x	1,35	2,03	1,09
Gefühle der Unzulänglich...	42x	56,76	15x	20,27	10x	13,51	6x	8,11	-	-	1x	1,35	1,78	1,10
Mangelnde Selbstachtung	41x	55,41	19x	25,68	9x	12,16	4x	5,41	-	-	1x	1,35	1,73	1,02
Zunehmende Kontaktarm...	39x	52,70	22x	29,73	7x	9,46	6x	8,11	-	-	-	-	1,73	0,94
Eingeschränkte Kommun...	41x	55,41	18x	24,32	7x	9,46	7x	9,46	-	-	1x	1,35	1,78	1,10

Anhang

13. Schulung von... *
    Anzahl Teilnehmer: 74

	wünsche ich mir sehr (1)		wünsche ich mir nicht (2)		weiß ich nicht (unentschlossen) (3)		was ist das? (4)		Ø	±
	Σ	%	Σ	%	Σ	%	Σ	%		
der Frustrationstoleranz	31x	41,89	18x	24,32	25x	33,78	-	-	1,92	0,87
der Stimme	36x	48,65	29x	39,19	9x	12,16	-	-	1,64	0,69
von Zeitmanagement	34x	45,95	27x	36,49	13x	17,57	-	-	1,72	0,75
von Gesundheitsmanagem.	40x	54,05	21x	28,38	13x	17,57	-	-	1,64	0,77
von Entspannungsübungen	36x	48,65	29x	39,19	9x	12,16	-	-	1,64	0,69
von Achtsamkeitsübungen	29x	39,19	28x	37,84	15x	20,27	2x	2,70	1,86	0,83
von Meditationsübungen	28x	37,84	30x	40,54	16x	21,62	-	-	1,84	0,76
von Atemübungen	20x	27,03	38x	51,35	16x	21,62	-	-	1,95	0,70

■ Arithmetisches Mittel (Ø)
□ Standardabweichung (±)